新军迷系列丛书

别告诉我你懂舰船

《深度文化》编委会 编著

U0299273

清华大学出版社
北京

内容简介

　　本书是介绍舰艇知识的科普图书，书中精心收录了读者广为关注的百余个热门问题，涵盖舰艇构造、舰载武器、动力装置、电子设备、后勤保障等多个方面，对每个问题都进行了专业、准确和细致的解答。为了帮助读者理解复杂的科普知识，并增强图书的趣味性和观赏性，书中还配有丰富精美的示意图、鉴赏图及生动有趣的小知识。

　　本书内容丰富，结构严谨，分析讲解透彻，适合广大军事爱好者和中小学生作为科普读物。同时，它也适用于舰船研究人员、历史学者、媒体工作者、模型制作爱好者等专业人士作为参考书籍。此外，本书亦可作为各大军事院校相关专业的教学辅助用书。

图书在版编目 (CIP) 数据

别告诉我你懂舰船 /《深度文化》编委会编著 . —北京：清华大学出版社，2024.7
（新军迷系列丛书）
　　ISBN 978-7-302-66406-2

　　Ⅰ. ①别… Ⅱ. ①深… Ⅲ. ①军用船－图解 Ⅳ. ① U674.7-64

　　中国国家版本馆 CIP 数据核字（2024）第 111269 号

责任编辑：李玉萍
封面设计：王晓武
责任校对：张彦彬
责任印制：刘　菲

出版发行：清华大学出版社
　　　　网　　　址：https://www.tup.com.cn，https://www.wqxuetang.com
　　　　地　　　址：北京清华大学学研大厦 A 座　　　邮　　编：100084
　　　　社 总 机：010-83470000　　　　邮　　购：010-62786544
　　　　投稿与读者服务：010-62776969，c-service@tup.tsinghua.edu.cn
　　　　质 量 反 馈：010-62772015，zhiliang@tup.tsinghua.edu.cn
印 装 者：北京嘉实印刷有限公司
经　　　销：全国新华书店
开　　　本：146mm×210mm　　　印　　张：9.875　　　字　　数：379 千字
版　　　次：2024 年 7 月第 1 版　　　印　　次：2024 年 7 月第 1 次印刷
定　　　价：69.80 元

产品编号：098051-01

前 言

　　在世界历史上，海军扮演了重要角色，从荷兰、葡萄牙，到西班牙、英国，所有海洋大国的崛起，都与海军的发展密不可分。21 世纪是人类文明发展的重要时代，世界各国都把海洋视为可持续发展的空间，对于海洋权益的争夺也日趋激烈。在这种背景下，海军的作用更加突出。

　　在和平时期，海军可作为外交的宣传工具进行政治亲善和友好访问，威力强大的舰队也能作为谈判时的筹码。在战争时期，部分国家单凭海军就可以形成强大的作战力量。现代海军凭借高科技赋予的超长航程与导弹武器，具备近乎无限广阔的攻击范围。除了军事作用，许多国家的海军还承担着保护领海、维护海上治安、防止走私活动、执行海洋法规和海难事故救援等任务。

　　海军之所以能发挥如此重要的作用，最重要的倚仗就是各式各样的军用舰艇。可以这么说，海军的壮大与军用舰艇的发展密不可分。在海军发展史上，依靠划桨和风帆推进的军用舰艇存在了很长一段时间，直到 18 世纪，随着蒸汽机的发明，冶金、机械和燃料工业的发展，才使造船的材料、动力装置、武器装备和建造工艺发生了根本性变革，并由此拉开了近现代海军飞速发展的序幕。在两次世界大战中，海军及其装备的舰艇都是决定战争进程的重要力量。冷战时期，美苏军备竞赛对军用舰艇的发展起到了极大的催化作用。自 21 世纪以来，各种新技术的应用让军用舰艇的作战性能更加突飞猛进。

　　军用舰艇在世界舞台上大放异彩，在保卫国家海洋权益的同时，也吸引了广大科普爱好者的目光。本书精心收录了读者广为关注的百余个热门问题，涵盖舰艇构造、舰载武器、动力装置、电子设备、后勤保障等多个方面，对每个问题都进行了专业、准确和细致的解答。为了帮助读者理解复杂的科普知识，并增强图书的趣味性和观赏性，书中还配有丰富精美的示意图、鉴赏图及生动有趣的小知识。

　　本书由《深度文化》编委会创作，参与本书编写的人员有阳晓瑜、陈利华、高丽秋、龚川、何海涛、贺强、胡姝婷、黄启华、黎安芝、黎琪、黎绍文、卢刚、罗于华等。由于作者知识水平有限，本书难免存在疏漏之处，欢迎广大读者朋友批评指正。

目 录

Part 01
基础理论篇

    21 世纪，随着国际贸易和航运业务的日益扩大，以及海洋开发的扩展，国际海洋斗争日趋激烈。濒海国家都非常重视海军的建设和发展，并不断运用科学技术的新成果发展海军的新武器、新装备，以提高统一指挥水平和快速反应、超视距作战能力。

主战舰艇的种类越来越少的原因是什么

从 19 世纪到 20 世纪前半叶，各国海军先后装备过多种主战舰艇，每种主战舰艇又可细分为多个类别。例如，巡洋舰可分为无防护巡洋舰、防护巡洋舰、鱼雷巡洋舰、装甲巡洋舰、轻巡洋舰、重巡洋舰、战列巡洋舰和航空巡洋舰等；航空母舰可分为舰队航空母舰、护航航空母舰、辅助航空母舰、攻击航空母舰和反潜航空母舰等。

第二次世界大战（以下简称"二战"）以后，一些主战舰艇彻底退出了历史舞台，海军装备的主战舰艇种类越来越少，部分主战舰艇之间的界限也越来越模糊，例如驱逐舰和护卫舰在构造和作战任务上已经没有太大的区别。这难免让人疑惑，为什么军事科技越发达，主战舰艇的种类反而越少？

其实，从战列舰被淘汰开始，军用舰艇的种类就越来越少，细分程度也越来越低，这已经成为未来海上作战装备发展的一大趋势。究其原因，主要有两点：一是很多舰艇不符合时代潮流与需求，而逐渐被各国海军淘汰；二是现代舰艇的单舰战斗能力越来越全面，导致很多原来各司其职的舰艇类型被合并。

以曾经的海上霸主战列舰为例，其以大口径舰炮为主要武器，具有很强的装甲防护能力和较强的突击威力。在二战结束前的数个世纪里，战列舰曾经雄霸海洋世

美国海军"密苏里"号战列舰

界，一直是各主要海权国家的主力舰种。二战结束后，战列舰的战略地位逐渐被航空母舰和战略导弹核潜艇所取代。随着新型导弹和制导炮弹的出现，战列舰装备的大口径舰炮已不再具有火力优势，而且战列舰原本拥有的吨位大、装甲厚等优点，在导弹时代也变成了弱点，这主要是因为其极易成为敌方导弹攻击的活靶子。因此，绝大多数战列舰都在二战结束后退役并被拆解，有些则作为博物馆舰被保留了下来。

🔔 小知识：

美国建造的"依阿华"级战列舰（Iowa class battleship）经过多次改装，断断续续地服役了许多年，它们最后一次参战是在1991年，"密苏里"号（USS Missouri BB-63）和"威斯康星"号（USS Wisconsin BB-64）作为火力支援舰和巡航导弹发射平台参加了海湾战争。1992年3月31日，美国海军最后一艘战列舰"密苏里"号停止服役，整修后前往珍珠港作为博物馆舰。

与战列舰类似，巡洋舰虽然还没有彻底退出历史舞台，但是二战时期出现的战列巡洋舰、轻巡洋舰、重巡洋舰和航空巡洋舰等配备大口径舰炮的巡洋舰都已经消失，目前仅有极少数国家的海军装备着导弹巡洋舰。此外，还有一些舰艇属于特定历史条件下的产物，一旦进入新时期就不再适用。例如，二战时期美国和英国大量建造的护航航空母舰是一种在战时保护海上运输线的应急型移动机场，大多由民用舰艇改造而来，动力系统和防护性能都比较落后，一旦被敌人盯上就很难逃脱被击沉的命运。因此，二战后就再也没有国家新造护航航空母舰。

美国海军现役"提康德罗加"级巡洋舰

俄罗斯海军现役"光荣"级巡洋舰

　　冷战结束后的舰艇多用途化潮流是海军舰艇种类越来越少的又一大原因。随着军事科技的不断发展，舰艇的作战能力也越来越全面。以往一些只能由专职舰艇执行的任务，现在一艘军舰就可以完成。例如，一艘驱逐舰或护卫舰，既能发射中远程防空导弹进行区域防空作战，也能携带直升机与反潜导弹进行反潜作战，还能发射对陆打击巡航导弹进行精确对地攻击作战，而且还通过发射反舰导弹和鱼雷保留了传统的反舰作战能力。也就是说，这样一艘军舰的作战能力是过去防空型驱护舰、反潜型驱护舰和导弹巡洋舰加起来才能达到的。

具有对陆、对海、对空和反潜等全面作战能力的美国海军"阿利·伯克"级驱逐舰

　　主战舰艇中的后起之秀两栖攻击舰也是一个典型的例子。它集两栖运输和两栖攻击性能于一体，既能完成运输登陆人员、装备的任务，也能进行两栖作战，派出垂直/短距起降战斗机、武装直升机进行对陆打击，从而掩护海军陆战队的登陆行动。

　　现代舰艇的制造成本不断攀升，维护费用也越来越高，既然一种军舰就能够完成多种任务，自然也就没有必要再花大量军费去维护只有单一用途的专职军舰。

▶▶▶ 模块化舰艇建造技术有何优势

　　所谓模块化舰艇建造技术，就是将舰艇的结构和系统按照功能分成若干个具有接口关系且相对独立的单元，按照通用化、系列化、组合化的设计与生产原则，以不同的方式排列和组合成舰艇装备或系统，并最终完成总装的一种舰艇建造技术。

　　早在二战时期，模块化舰艇建造技术就已经开始萌芽，自由轮（Liberty ship）就是这种舰艇建造概念的产物。当时，美国海军定购了大量自由轮来替代被德国潜艇击沉的商船，还有很多自由轮通过《租借法案》提供给英国。

　　建造自由轮的船厂通常包括钢板工厂、钢桁工厂、黄铜翻铸工厂、电缆工厂、木工工厂、管道工厂、零件（水泵等）工厂、索具工厂和油漆工厂。船用主机和锅炉从分包商工厂用铁路运来。所有车间产品都被运到预组装区装配起来（一艘自由轮被分成120个预组装部件），然后再用吊车或平板重载货车运到总装区。

至今仍能运作的自由轮——"约翰·布朗"号

　　自由轮的总装区通常设在岸边的船台上，旁边有龙骨工厂、铆钉工厂、焊接工厂和砖工厂。自由轮总装之前先要铺设龙骨，龙骨之上是预组装的双层船底（一般分成6段建造），然后是油舱、机舱、货舱，最后将组装好的船首和船尾与船身中段合龙。为了节省建造船厂时的土石工程量，自由轮一般采用侧滑的方式下水。下水后开始舾装，往船上安装吊车、绞盘、救生艇、吊柱、锚、防空炮等部件。船桥和烟囱也采用预组装的方式，整体吊装固定到船身上。最后是布置住舱、安放家具、配备航海用品。

　　自由轮的建造方式，大大推动了焊接技术和分段建造技术的发展。1941～1945年，美国18个船坞共计建造了2710艘自由轮。由于建造迅速、价格便宜，自由轮被公认为二战中美国工业的一种象征。美国造船工业倡导的这种舰艇建造理念，为海军在前线作战提供了有力的装备保障，为二战的胜利作出了巨大的贡献。二战中还有一些类似的标准化船只，其中大部分都借鉴了自由轮的设计和建造方式。

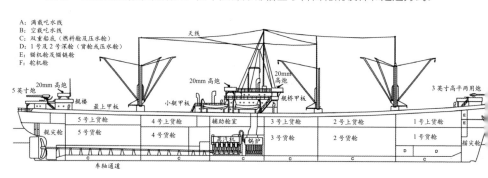

自由轮的模块化设计示意图

　　20世纪60年代，当今模块化舰艇建造技术的雏形已经形成。1969年，德国博富隆公司开始研究舰艇建造的新方法，其中最重要的方法就是采用标准模块来安装武器和电子系统。1973年，美国海军开始进行军舰子系统的模块化改装工作，并在1975～1976年对"斯普鲁恩斯"级驱逐舰（Spruance class destroyer）和"佩里"级护卫舰（Perry class frigate）进行了作战系统模块化分析。

　　在随后的舰艇建造工作中，美国大量采用模块化舰艇建造技术，包括"阿利·伯克"级驱逐舰（Arleigh Burke class destroyer）、"独立"级濒海战斗舰（Independence class littoral combat ship）、"自由"级濒海战斗舰（Freedom class littoral combat ship）和"海狼"级潜艇（Seawolf class submarine）在内的多种军用舰艇，均采用了这种建造技术。20世纪80年代，德国推出的MEKO级护卫舰，也是模块化建造技术的典型代表。

美国海军"海狼"级潜艇

采用德国 MEKO 技术建造的澳大利亚海军"安扎克"级护卫舰

与传统的舰艇建造技术相比,模块化舰艇建造技术具有诸多优势,包括:大大缩短了新型舰艇的设计周期;极大地提高了船台的工作效率,缩短了舰艇的建造周期;采用模块化建造技术的舰艇更有利于维修;舰艇的全寿命周期费用降低,节约了国防开支;节约了技术升级和装备更换的时间与成本;可大力保障作战舰艇的一舰多型,实现舰艇的系列发展。

现代军舰为何极少使用不锈钢材料

军舰长期浸泡在海水中，被海水腐蚀在所难免，舰体表面经常会出现锈蚀的现象，在军舰生锈后，为了避免军舰的设备受到影响及军舰因锈蚀而在航行中出现故障，各国往往会花费大量资金进行维修保养。对于这个问题，有人提出，为何不在建造军舰的时候直接采用不锈钢材料呢？这样不就可以减少维护成本了吗？

事实上，建造军舰需要大量钢铁，原材料本身的价格就已经十分高昂了，如果再换成不锈钢材料，价格还要高出几倍，所以就算能够减少后期的维护成本，也没有任何意义。另外，采用不锈钢材料建造军舰，建造前得先对这种材料进行一系列的技术加工，同样需要耗费大量的资金。此外，建造军舰常用的热焊接技术并不适用于不锈钢材料，所以间接造成的损耗也难以计算。

对于军舰来说，在选择建造材料时，除了生锈问题，更多的还要考虑材料的韧性等各种性能问题。虽然不锈钢具备防锈功能，但是其他性能未必能赶上钢铁。所以，为了解决防锈问题而降低其他性能，实在有些舍本逐末，且因此而产生的问题所花费的维护费用或许要远高于除锈的费用。

在军舰的除锈方面，如今各国的技术已经很成熟了，具体的除锈措施也很多，可以人工除锈，也可以使用专业设备除锈。人工除锈的效率较低，一般用来清除小范围的锈迹。除锈时，工人使用刷子、锤子等工具将锈迹清除干净，再用专业的防锈漆进行喷涂作业。

2016 年才开始服役的美国海军"朱姆沃尔特"号驱逐舰已经锈迹斑斑

　　为了提高除锈效率，人们想到了用机器人除锈的办法。德国和美国都有相应的机器人产品，用于军舰除锈作业。例如，美国的爬壁机器人装有磁铁，通过强大的吸附力，使机器人可以附着在军舰表面，可以在除锈位置自由移动，灵活行走。同时机器人还携带高压水枪，在除锈过程中，机器人会不断用高压水枪冲洗生锈之处，短时间内就可以完成较大范围的除锈工作。

　　除锈工作并不是一劳永逸的事情，军舰在服役过程中，除锈工作要经常进行。为此，各国都努力在防锈技术上下大力气，研制有效期更长的防锈漆，从而减少除锈次数。

美国海军"麦克亨利堡"号船坞登陆舰的舰体锈蚀严重

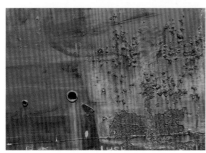

掉漆、生锈的船体

正在为美国海军"小鹰"号航空母舰除锈的工人

>>> 现代军用舰船有哪些下水方式

下水，指的是军用舰船从造船厂的船台、船坞移动到水里的过程。目前，各国军用舰船的下水方式主要分为两类，共有5种方式。

第一类是船坞下水，包括两种方式。

（1）固定船坞式下水。固定船坞一般都建在水边，军用舰船在船坞里建好后，把水直接引进船坞，使军用舰船依靠自身浮力浮起，然后利用外部动力将其拖出，下水工作就完成了。这种方式适合航空母舰等大型军用舰船。2013年下水的美国海军"福特"号航空母舰就采用了这种下水方式。

（2）浮船坞式下水。浮船坞构造特别，它有一个巨大的"凹"字形船舱，两侧有墙、前后端敞开，是一种构造特殊的槽形平底船。两侧的墙坞墙和坞底均为箱形结构，沿纵向和横向分隔为若干封闭的舱格，有的舱格被称为水舱，用来灌水和排水，使船坞沉浮。军用舰船建造完毕后，将浮船坞水舱里灌满水，浮船坞便沉下，使军用舰船自行驶出浮船坞。受浮船坞大小的限制，这种下水方式比较适合常规潜艇等小型舰船。

印度海军"维沙卡帕特南"号驱逐舰下水

第二类是船台下水，包括3种方式。

（1）倒退式。军用舰船在船台上建好，然后船尾向着海边，沿铺设好的滑道缓缓滑入水中，这样能产生更大的浮力，而且可以避免在下滑过程中碰伤舵和螺旋桨等设备。这种下水方式比较适合护卫舰、驱逐舰等中型舰船。

（2）侧滑式。军用舰船在船台上建好后，在其侧面铺设很短的横向滑道，然后对其施加外力。由于重力作用，军用舰船沿着滑道侧向入水，依靠船身浮力自动修正入水姿态。由于这种方式容易引起舰体变形或设备损坏，所以对军用舰船的设计和建造工艺都有很高的要求，一般适合小型舰船。

（3）吊运式。军用舰船在船台上建好后，直接用大型起重机将其吊至水中，完成下水工作。这种方式主要适用于导弹艇之类的小型舰船。

美国海军"杰克·卢卡斯"号驱逐舰下水

韩国海军"春川"号护卫舰下水

长宽比的大小对舰艇的航海性能有何影响

　　长宽比是舰艇主尺度比中的一项，其他常用项目还有型宽吃水比、型深吃水比、船长型深比、船长吃水比等。舰艇主尺度比是表示船体几何形状特征的重要参数，其大小与舰艇航海性能有密切关系，尤其是长宽比。

🔔 小知识：

> 　　舰艇主尺度是用以表示舰艇大小和特征的几个典型尺度，包括船长、船宽、船深（或船高）和吃水等。舰艇主尺度按不同用途和丈量规则可分为最大尺度、登记尺度和船型尺度3种。

　　舰艇的长宽比越大，船体就越瘦长，则兴波阻力（物体在自由液面运动，产生的波浪所引起的阻力）越小，更容易实现高速航行，并减少对主机的功率需求。不过，长宽比过大也会导致舰艇的机动性变差、在风浪中横摇幅度大的问题。同时，舰体内空间较小，不利于舱室内设备的布置。因此，长宽比的选定是综合考虑多种因素的结果，并不存在固定的最佳数值。

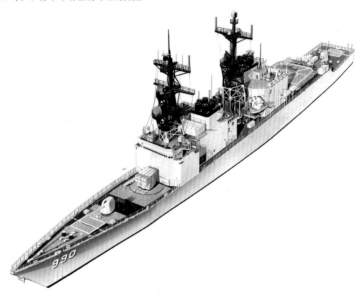

美国海军"斯普鲁恩斯"级驱逐舰 3D 模型

　　二战时期的驱逐舰和巡洋舰为追求高航速，长宽比曾达 10：1 以上。自 20 世纪下半叶以来，主船体提供可布置舱室的总容积多少成为舰艇设计考虑的重要因素，而过分瘦长的船型常常不能满足容积要求，因此驱逐舰和护卫舰的长宽比有逐步下降的趋势。例如，美国于 20 世纪 70 年代设计建造的"斯普鲁恩斯"级驱逐舰的长宽比为 9.68 ：1，后来的"阿利·伯克"级驱逐舰则大幅降至 7.9 ：1。

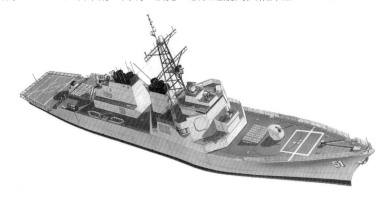

美国海军"阿利·伯克"级驱逐舰 3D 模型

除美国之外，其他国家的驱逐舰和护卫舰的长宽比也大多为 8 ：1。这是因为现代驱逐舰和护卫舰要在保证航行稳定性的前提下，尽可能提高航行速度，而 8 ：1 的长宽比正好可以满足这一需求。现代驱逐舰和护卫舰的主机功率很大，即便长宽比较小，也能达到较高的航速。同时，舰艇的适航性好，横摇幅度小，有利于武器和装备在风浪中的性能发挥，也能容纳更多的现代电子设备，还使船员的居住条件得到了很大的改善。

船体较宽的美国海军"尼米兹"级航空母舰

与驱逐舰和护卫舰不同，航空母舰需要考虑舰载机起降、转运的问题，所以船体宽度相对较宽，长宽比也就相对较小。在现代舰艇中，长宽比最大的当数潜艇，这是因为潜艇采用圆形的耐压壳，较大直径的圆形耐压壳制造加工比较复杂，而增加长宽比不仅可以降低制造难度，同时还能增加吨位，提高潜艇的战斗力。

艇体细长的美国海军"俄亥俄"级潜艇

＞＞＞ 军舰的"大鼻子"（球鼻艏）有何作用

球鼻艏（Bulb Bow）是水面舰艇的特殊部位，位于艏部水线以下，其光顺的线形设计可以减小兴波阻力，提高舰艇机动性；同时作为声呐的外部包容结构，承担着保护安装在其内部的声学传感器等设备不受波浪拍击及远场爆炸载荷损坏的任务，其重要性不言而喻。具体来说，球鼻艏主要有以下3个作用。

第一，减少阻力。球鼻艏如果设计得当，可以使船体与球鼻艏分别形成的波浪相遇并相互抵消。如果球鼻艏的长度可以调节，便可以自主控制球鼻艏在舰艇航行时产生的水波，使舰艇在任何航速下由球鼻艏产生的水波和船体艏部产生的水波叠加后的水波波幅最小，从而起到减少兴波阻力、提高航速的作用。

第二，提高操纵性能。安装球鼻艏后，不仅有利于提升舰艇的稳定性，同时还能改变舰艇艉部的水流状态，从而改善舵的灵敏性，达到提高操纵性能的效果。

第三，提高推进效率。试验表明，安装球鼻艏以后，舰艇螺旋桨的推进效率在静水中会得到提高。这是由于艏部压力降低，使推力减额（螺旋桨用于克服船体阻力部分的推力与所发出的推力之差）降低，高速时伴流系数有所提高；并且舰艇底部流场变得比较均匀，降低了伴流不均匀对螺旋桨的影响。

美国海军人员在"阿利·伯克"级驱逐舰的球鼻艏前方合影

🔔 **小知识：**

　　舰艇航行时，船体附近的水体受到船体运动的影响，会产生一种追随船体运动的水流，也就是伴流（wake）。伴流主要由摩擦伴流、势伴流和兴波伴流三部分组成，其中摩擦伴流是伴流的主要成分。

　　虽然被称为"球鼻艏"，但是它的形状并不都是球形。不同类型的舰艇，球鼻艏的形状有很大不同，因此会呈现各种各样的形式和结构。具体来说，球鼻艏有水滴形、撞角形、圆筒形、S-V形及扁椭圆形、柱形、菱形、鱼雷形等形状。

　　在各种形状的球鼻艏中，水滴形球鼻艏出现最早，其特征是体积较小且集中于舰艇中下部，有利于减小设计水线的进流角，多用于中、高速舰艇；撞角形球鼻艏的前伸较长，前端较尖，其横剖面呈圆形或椭圆形，浸深较大，满载和压载时降阻效果均较好，适用于丰满的油船、矿石船和散装货船；圆筒形球鼻艏的下半部分是一个圆筒，圆筒顶端是一个半球或椭圆球；S-V形球鼻艏的特征是艏柱呈S形，球艏下部横剖面呈V形，适用于艏部剖面呈V形的舰艇，在不同的航速下均能降低船体阻力并提高推进效率，还有较好的破冰性能。

澳大利亚海军"堪培拉"号两栖攻击舰舰艏下方显眼的球鼻艏

美国海军"福特"级航空母舰正在安装球鼻艏

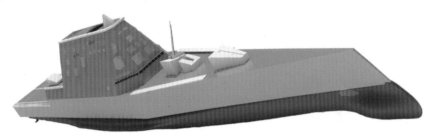

采用扁椭圆形球鼻艏的美国海军"朱姆沃尔特"级驱逐舰 3D 模型

军舰如何实现雷达波隐身

雷达探测是一种依靠雷达照射目标物体后，接收反射回波来感知目标的探测方法。因此，如何减少物体的反射回波是雷达波隐身技术的关键。传统的军舰由于笔直、规则的外形，以及大面积的平面，板与板之间的直角连接等形状和结构可对雷达波产生强烈的反射，从而增大了雷达反射截面和敌方雷达的探测距离。雷达波隐身技术的着眼点就是降低雷达反射截面，减小雷达探测范围。具体来说，现代军舰实现雷达波隐身的主要方法有以下3种。

第一，采用雷达吸波材料和涂料。吸波材料的工作原理是消耗雷达照射波的能量，减少雷达波的反射，改变舰艇的雷达反射截面以诱惑来袭导弹攻击舰艇的非重要部位。采用雷达吸波材料是减少舰艇雷达反射截面最简单的措施，这种隐身是比较彻底的，但其技术难度较大，环境适应性差，且价格昂贵，所以各国普遍采用外形隐身技术，只有在外形隐身难以实施或需要加强隐身效果时，才采用涂覆吸波材料的方法。

第二，改进舰体及上层建筑的外形设计。舰艇的外形设计对减少雷达反射面有着极其重大的意义。通过改变外形，使雷达照射波改变空间散射方向来减少回波的强度，从而达到减少雷达反射截面的目的。例如，军舰舷侧采用倾斜设计，避免与水面相互垂直，使照射面进行异向反射，以减小雷达回波的反射能量；上层建筑四周及相邻连接处避免直角，尽量采用圆弧过渡，防止产生波的尖角绕射；尽量减少外露面积等。

俄罗斯海军"现代"级驱逐舰的上层建筑较为杂乱

第三，控制甲板移动物体。一艘军舰的雷达反射截面是该舰具体形状的函数，舰上移动的人员和装备，都是雷达的反射体，应加以控制。例如，舰员尽量在甲板内活动，严格控制舰载机的飞行时间等。

法国海军"拉斐特"级护卫舰具有出色的隐身外形

上层建筑向内倾斜的俄罗斯海军"守护"级护卫舰

采用隐身外形设计的法国海军"阿基坦"级护卫舰

军舰如何实现声隐身

军舰在航行过程中产生的噪声向空中和水下传播，极易被敌方水面舰艇和潜艇的水声探测系统发现，因此声隐身技术也就应运而生。在军舰的各类隐身技术中，声隐身技术起步较早，技术手段丰富、成熟，各海军强国在这方面都取得了长足发展。

除了采用优化船体外形，控制舰载设备震动噪声指标，对主要设备实施隔震和隔声处理，对管道进行弹性支撑和挠性连接等传统的措施外，近年来，部分国家还使用了许多高新技术，包括气幕降噪技术、浮筏技术、大侧斜螺旋桨和泵喷技术等。

气幕降噪技术是西方国家海军较为推崇的一种用来提高水面舰艇（特别是反潜舰艇）水下声隐蔽性的高技术。其

"阿利·伯克"级驱逐舰
正在测试"大草原"气幕降噪系统

原理是通过在舰壳水下部分和螺旋桨部位向水中喷射压缩空气，从而形成一定厚度的气幕来有效屏蔽、衰减和散射舰艇的水下宽频带辐射噪声。该技术可大幅降低舰艇水下辐射噪声和本舰声呐平台的自噪声，改变水下辐射噪声特征，从而衰减敌方主动声呐信号的反射。由于该技术降噪效果显著、造价低廉，因而广受各国海军青睐。美国除航空母舰外的护卫舰外所有舰艇都装有气幕降噪系统。

浮筏技术是多台机组共用公共基座（浮筏）的单层隔震或多层隔震技术。在实际应用中，由于布置空间和稳定性方面的限制，各国通常都使用了双层隔震装置。由于浮筏隔震装置具有显著的隔震、隔冲击性能，大幅降低了结构噪声向船体和水下的辐射，因此各国海军对该技术的研究都非常重视。美国、俄罗斯、英国、法国、德国、意大利等国的舰艇动力设备均广泛采用了浮筏技术。

舰艇在高速航行时，螺旋桨噪声是最主要的噪声源，而一旦螺旋桨产生空泡，空泡噪声即成为螺旋桨最强烈的噪声源。因此，各国对螺旋桨噪声的抑制主要集中在延缓空泡的产生上。实践证明，在舰艇尾部非均匀流场中采用大侧斜螺旋桨可在

基本不降低效率的前提下延迟空泡产生，大幅降低脉动压力和减小船尾震动。自20世纪80年代以来，随着大侧斜螺旋桨设计和制造技术的不断完善，该技术在西方国家中得到了广泛应用。大部分新建造水面舰艇都使用了大侧斜螺旋桨。

随着舰艇推进功率的加大，航速不断提高，有可能使螺旋桨重新产生空泡，此外，螺旋桨尾流的旋转使小部分耗散的能量转化为声能。为此，西方国家研制了一种新型的低噪声推进器——泵喷推进器来取代螺旋桨推进。泵喷推进器由转子、定子和减速阻尼导管组成。转子、定子产生的噪声被导管遮蔽，转子后的定子又可减少尾流旋转能量的损失。减速阻尼导管能够延迟转子空泡的产生，最终达到降噪的目的。目前，泵喷技术主要使用在潜艇上，最先采用这一技术的是英国海军"特拉法尔加"级潜艇（Trafalgar class submarine）。

英国海军"特拉法尔加"级潜艇

一体化桅杆有何优势

随着现代作战舰艇探测设备、通信设备及电子设备的增加，电磁兼容和电磁隐蔽问题已日益成为影响舰艇作战效能和生存能力的主要问题。为了解决这个问题，各海军强国都在研究一体化桅杆。它是将各种雷达、通信天线设计成平面式或球形阵列天线，组成一体化的封闭式综合传感器桅杆结构，以取代挂满各种鞭状、条状天线和各式彩旗的传统桅杆。从某种意义上来说，一体化桅杆是军舰现代化程度的象征。

一体化桅杆的本质是综合化射频管理，并不是在原本繁杂的设备外面套上一个简洁的外壳。在综合化射频管理技术出现之前，军舰一直受困于舰上电子设备工作时互相干扰的问题。尤其是无线电及相关的雷达和通信设备之间，经常互相干扰，大大降低了设备的运行效率，甚至在实战中付出了惨痛代价。例如，在英阿马岛战争中，英国海军"谢菲尔德"号驱逐舰（HMS Sheffield D80）正在与英国本土进行卫星通信，为了防止通信受到干扰，军舰关闭了对空搜索雷达，从而导致了悲剧性的结果——其被阿根廷机载反舰导弹击沉。"谢菲尔德"号驱逐舰的教训直接说明了综合化射频管理技术的必要性，也解释了一体化桅杆为何会成为现代作战舰艇的标配。

采用传统桅杆的英国海军"谢菲尔德"号驱逐舰

在世界各国中，美国是综合化射频管理应用的先驱，最早使用一体化桅杆的军舰是"圣安东尼奥"级船坞登陆舰（San Antonio class amphibious transport dock）。美国海军将一体化桅杆正式命名为"先进封罩式桅杆／雷达系统"（AEM/S），"圣安东尼奥"级船坞登陆舰的AEM/S包括AN/SPS-48E对空搜索雷达，所有收发天线都整合在由"频率选择表面"（Frequency Selective Surface，FSS）材料制作的塔状外罩内，不仅能大幅增加其隐身性，也可避免昂贵的探测装备受海水盐害或外物损伤。

　　总体来说，借助一体化桅杆的综合化射频管理技术，作战舰艇的各种设备能够以较高的密度集中安装，并得到妥善的保护。按照目前的技术水平，基本可以实现多个设备共用一个天线面板进行工作，而这些设备在工作时又不会互相干扰。另外，采用一体化桅杆的作战舰艇都拥有较强的隐身性，舰上各装备也尽量采取隐藏式设计，大幅降低了雷达反射截面，此外也能降低红外线等其他信号的泄露概率。

美国海军"圣安东尼奥"级船坞登陆舰　　美国海军"圣安东尼奥"级船坞登陆舰侧后方视角

采用一体化桅杆的意大利海军"地平线"级驱逐舰

▶▶▶ 舰艇如何进行消磁工作

　　在现代信息化战争条件下，电磁对抗异常激烈，对战场制电磁权的争夺已成为影响战争胜负的关键因素之一。在海军领域，侦察探测是作战时的焦点环节，而探测的主要对象就是敌方舰艇的电磁信号。因为军舰受地球磁力和机器运转、海水拍打等内外力作用，会逐渐形成较强的磁场。

舰艇磁场主要可分为两种：一是由于钢铁的磁化特性，在地球磁场作用下产生的感应磁场，随航向和所处海区的变化而变化；二是由于钢铁的磁滞特性，在受到较大磁场冲击、建造或航行过程中的应力作用后，会产生一定的剩余磁场，称为固定磁场。

舰艇消磁是减弱舰艇磁场强度并改善其分布特性的技术措施，其主要作用是提高舰艇的磁性防护能力，防御水中磁性武器（如磁性感应水雷）的攻击及防止被磁探测仪器发现，消除磁化后的舰艇对仪器设备和武器精度的影响，保障舰艇航行安全及作战效能。

现代海军常用的消磁方法有两种：固定绕组消磁和临时消磁。固定绕组消磁是在舰艇内部固定敷设消磁绕组，其能随舰艇所处的磁纬度、航向及摇摆等因素产生相应变化的电流，用以补偿舰艇感应磁性的磁场。

临时消磁是将舰艇置于消磁场地内（消磁场地的选择要求较高：水深足够、海底平坦、海流较小、风力不大，且周围海域无大量磁性物质），再将消磁电缆按规定缠绕在被消磁舰艇的船体上，通电后用以抵消舰艇的固定磁场。临时消磁可由消磁船或消磁站实施，两者都配有消磁发电机组、消磁线圈、磁场检测设备、控制装置等。相比而言，消磁船可以在海上进行消磁，因此比消磁站更加灵活。

正在消磁的俄罗斯海军"伊凡·格林"级登陆舰

　　典型的临时消磁步骤包括以下 3 步。第一步是利用铺设在码头海底的数百个探头分别测量舰艇两个相反航向的磁场，通过分析计算分别确定感应磁场和固定磁场的大小。由于平潮时间每日都在变化，因此测磁、消磁工作的时间也不固定。第二步是绕缆，用消磁电缆将舰艇缠绕起来形成线圈，这些线圈或粗或细、或纵或横，其匝数因舰艇的型号、吨位的大小和测得的固定磁场的强弱而各异。第三步是通电消磁，通过线圈产生的磁场来改变舰艇的固定磁场。通电过程中要不断测量舰艇磁场的变化，最后还要进行合成磁场的测量及分析计算。

俄罗斯海军"格里戈洛维奇"级护卫舰正在进行临时消磁作业

　　由于上述消磁方法对作业场地要求严格，要选择在无风锚地、平潮时段进行。一旦海况变化频繁，一艘舰艇的消磁工作可能会持续半月之久。为此，近年来一些国家开始使用一种新的消磁技术——消磁车消磁。它直接利用船体通电产生的电磁场进行消磁，舰艇不再需要绕缠消磁电缆。消磁车消磁的步骤为：将系泊在海上的舰艇舰艏和舰艉分别焊接电缆连接器，再将消磁电缆依次连入舰艏和舰艉，另一端连接至消磁电源车，即可进行自动测磁和通电消磁。与传统消磁方法相比，消磁车消磁的效率成倍提升，而且几乎不受海况和时段影响。另外，车载消磁设备经过集成优化全部安装在标准集装箱中，可由登陆舰搭载在海上进行消磁。

美国海军"海狼"级潜艇正在进行消磁作业

美国海军"尼米兹"级航空母舰正在进行消磁作业

水面舰艇编队如何防御鱼雷攻击

在现代海战中，水面舰艇面对的来袭鱼雷主要是敌方潜艇在水下隐蔽发射的，虽然现代潜艇普遍装备了潜射反舰导弹，但是鱼雷攻击的隐蔽性和毁伤威力远非潜射反舰导弹所能比的，特别是随着现代鱼雷技术的不断进步，重型反舰鱼雷仍然是潜艇最重要的反舰武器。所以，水面舰艇的鱼雷防御与水面舰艇的防潜警戒密不可分。

一般来说，现代水面舰艇通常以海上编队的形式执行海上作战任务。海上编队包括水面舰艇、潜艇、固定翼反潜机和舰载反潜直升机等反潜兵力，可以通过多种方式获取敌方潜艇的情报或者来袭鱼雷的信息。因此，现代水面舰艇最有效的鱼雷防御手段就是建立多层次的防潜警戒圈。根据警戒距离的不同，现代水面舰艇编队的防潜警戒圈通常可分为 3 个层次，即远程防潜警戒圈、中程防潜警戒圈和近程反潜反鱼雷警戒圈。

远程防潜警戒圈是指在海上编队前方或者敌方潜艇可能攻击方向的较远距离上展开对潜搜索，及时发现和识别处于水面航行状态、通气管航行状态或者水下航行状态的敌方潜艇，阻止其向编队建立方位航路或者潜射中程反舰导弹的占位射击航路。远程防潜警戒圈兵力一般由岸基远程反潜巡逻机或者舰载固定翼反潜机、攻击型核潜艇来承担，可以构成半径 120 海里以上的防潜屏障。

美国海军 P-8 "波塞冬" 反潜巡逻机

中程防潜警戒圈的兵力一般是专门的反潜舰艇和水面舰艇搭载的反潜直升机，其作用是阻止敌方潜艇建立对海上编队的接近航路或者进入鱼雷占位射击航路。例如，日本海上自卫队的"九·十"舰队就是由舰载反潜直升机配合水面舰艇的拖曳战术声呐建立中程防潜警戒圈。

日本海上自卫队装备的 SH-60J 反潜直升机

近程防潜反鱼雷警戒圈的兵力一般是海上编队各水面舰艇和舰载反潜直升机，其作用是破坏敌方潜艇在其鱼雷有效射程和射击窗口内的攻击行动，或者采取软硬杀伤手段拦截来袭鱼雷，或者对已经发射鱼雷离开航路的敌方潜艇展开反击，阻止其再次展开攻击。

总体来说，水面舰艇编队的鱼雷防御首先要基于编队的防潜警戒，依靠编队各水面舰艇、攻击型潜艇、固定翼反潜机和反潜直升机，对敌方潜艇进行多平台协同探测、识别、定位，以及在必要时同敌方潜艇进行交战，发挥编队协同的整体防潜威力，从根本上消除鱼雷威胁。不过，任何水面舰艇编队的对潜防御警戒行动都不会万无一失，一旦被敌方潜艇突破了防潜警戒屏障，水面舰艇编队就有可能要面对敌方的鱼雷攻击。

从世界范围来看，目前仅有极少数国家的海军能够组织起相对完整的远、中、近多层次防潜警戒圈，其他国家海军的防潜警戒兵力都较为薄弱，只能维持较为简单的中程防潜警戒圈和近程防潜反鱼雷警戒圈，并且着重将兵力布置在近程防潜和反鱼雷方面。

法国海军"乔治·莱格"级反潜驱逐舰

美国海军航空母舰战斗群

>>> 军用舰艇如何保证抗沉性

抗沉性，就是军用舰艇在破舱浸水后仍能保持一定浮性和稳性而不至于沉没和倾覆的性能。历次海战经验表明，几乎所有舰艇的丧失都是由于失去了生命力。反之，许多舰艇在承受较大或者多次打击之后仍然能够保持战斗力，其主要原因就是生命力能得到保障。舰艇生命力的恶化对舰艇战斗力、舰艇机动性、舰体强度和人员的战斗活动等都有不利影响。例如，舰艇因舱内进水导致船体大角度倾斜，不仅会影响舰载武器的射角、射程和精准度，还会使推进器露出水面，机器功率不能全部发挥，导致航速降低，严重时甚至难以航行。

随着现代科技的发展，海军武器弹药的命中率和爆炸威力都在不断提升，对军用舰艇的威胁也日益严重。在这样的作战环境下，舰艇要完成指定的作战任务，就必须采取有效的抗沉措施以保障自身的生命力，继而恢复战斗力。例如，俄罗斯海军要求驱逐舰在不小于20%舰体长度的任意相邻三舱破损时保证不沉。

俄罗斯海军"无畏"级驱逐舰

为了保证抗沉性，舰艇除了要具备足够的储备浮力外，一般有效的措施是设置双层底和双层舷及一定数量的水密舱壁。一旦发生碰撞或搁浅等事故致使某一舱进水而失去其浮力时，水密舱壁就可将进水量尽量限制在较小的范围内，并阻止进水向其他舱室漫延，而不至于使浮力损失过多。这样，就能以储备浮力来补偿进水所失去的浮力，从而保证舰艇不沉，同时也可为堵漏施救创造有利条件。

双层底和双层舷是降低破损影响，提高舰艇抗沉性的有力措施。实践证明，双层底和双层舷不但可以加压载水来提高稳度，而且对防止底部破损进水有重要的作用。一些国家会在大型舰艇的水下要害部分（如锅炉舱、弹药舱等）设置防雷装置，并采用双层底外加油舱、空舱的设计，使这些舱室在锅炉舱和弹药舱外面，当被攻击时首先承受鱼雷和水雷的攻击，从而防止弹药舱爆炸以保存动力。

🔔 小知识：

> 压载水（Ballast Water）是指为控制舰艇纵倾、横倾、吃水、稳性或应力而在船上加装的水及其悬浮物。舰艇空载时稳性和吃水无法满足安全要求，需要使用压载水调整舰艇的漂浮状态。舰艇不均匀装载时（部分货舱装货）局部受力过大，需要使用压载水调整受力状态。风暴状态下也需要增加压载水以增大吃水量。

除了双层底和双层舷，舰艇还需要合理划分水密区，并且保证甲板、平台和横隔壁的水密性。各国海军会将舰艇分隔成若干水密舱壁，利用它来限制海水的漫延，保存舰艇的储备浮力，并构成浮正倾斜与倾差的舱室，达到保证舰艇不沉的目的。在舰艇设计中，水密舱壁的数量一般应与鱼雷的破坏半径相适应。

一般来说，舰艇实行垂直交通制，以每个主横水密舱壁为一个独立区间，只有通过水线以上的甲板才能由一个舱段到达另一个舱段。如果管道、电缆及传动轴等设施必须通过主横水密舱壁，应尽量将其布设在抗沉性所确定的破损水位以上的地方，并设有可靠的密封装置。甲板上只允许开设必要的舱口，舱口的位置必须靠近船的中线面，并且要符合水密性的要求。

美国海军"菲兹杰拉德"号驱逐舰右舷被货船严重撞伤

美国海军将"奥里斯卡尼"号航空母舰（"埃塞克斯"级）炸沉作为人工鱼礁

军用舰艇如何实现核生化防护

所谓核生化防护，就是防御核武器、生物武器和化学武器袭击的装置，通常统称为"三防"。尽管各国海军采取的三防措施各不相同，但是基本原理相差不大，即以大、中型水面舰艇为重点防护，以小型水面舰艇、潜艇和辅助舰艇为一般防护；舰艇的三防以人员防护为主，装备防护为辅，人员的防护则以集体防护为主，个人防护为辅。

舰艇的三防系统通常由用于防护核生化武器袭击的观测、检测、采集、化验、侦验、防护、洗消及预防急救等设备、设施和器材组成，主要用于发现核生化武器的袭击，查明其危害范围和程度，并进行防护和洗消，以避免或减轻对舰艇人员的伤害，从而保证舰艇武器装备的正常使用。一般来说，观测设备有核爆炸观测仪、毒剂报警器等；侦察器材有 γ 辐射仪、沾染检查仪、个人剂量仪、侦毒器、化验箱、生物战剂采样箱、生物战剂检验箱等；防护装备有防毒面具、防毒衣、滤毒通风装置及急救用药品等；洗消装备有水幕系统、舰用洗消器、火炮消毒盒、个人消毒包和洗消剂等。

一般来说，军用舰艇会根据排水量的不同来划分可承受核武器爆炸后空气冲击波的超压峰值（自由场）数值，因此在舰艇设计中必须满足规定的抗毁伤等级要求。各国海军新型舰艇上通常设有区域集体防护系统，可在遭遇核生化武器袭击时对舰员进行集体保护，使该区域气密，以阻止被放射性、生物战剂、化学毒剂污染的空气侵入，保障舱内正常的工作、生活环境，从而保证舱内人员的安全。

区域集体防护系统最重要的组成部分是滤毒通风装置，主要由过滤吸收器、密闭阀门及通风管道组成，通常与舰艇的正压通风、空调装置协调配置，安装在三防密闭区域。它可以将空气中含有的放射性、生物战剂和化学毒剂气溶胶滤除，将干净的空气送入舱内，供人员呼吸，并在舱内形成正压。

此外，水幕系统也是舰艇上重要的三防设施。它是能产生细微水流笼罩整个甲板和上层建筑的喷水系统，不但可用于消防和洗消，在发现核生化武器袭击时，启动水幕也能减轻光辐射对舰艇、人员的伤害，并能稀释、冲刷核生化武器在舰艇表面的沾染和附着。

美国海军"里根"号航空母舰的水幕系统正在运作

在舰员个人防护方面，各国海军通常会为每个舰员配备防毒衣和防毒面具。由于现代海军舰艇在起火后烟气损害人体的概率远大于明火灼烧，烟气蔓延性也远大于明火，吸入过量的浓烟或毒气会造成人员窒息和中毒，严重者甚至失去行动能力乃至死亡，因此防毒面具可为舰员提供充分的呼吸保护，有效防止沙林毒气、氯化氰蒸气、油雾等有害物质的伤害，并满足舰员的视野要求。

🔔 小知识：

沙林毒气（Sarin），学名甲氟膦酸异丙酯，可以麻痹人的中枢神经。1938 年，德国法本公司的研究者首次发现沙林毒气，很快德军发现这种毒气的军事价值并投入生产，但在二战期间并未使用。二战后，这种毒剂才开始在世界范围内生产，现已成为常规的军用毒剂。

正在佩戴防毒面具的
美国海军士兵

美国海军"杜鲁门"号航空母舰的
机库正在进行洗消作业

⟫⟫⟫ 舰艇的 5 类主动力装置孰优孰劣

在蒸汽时代，船舶由明轮推进。当时，人类将用来推进船舶航行的动力机械称为轮机。后来，随着科学技术的进步和造船技术的发展，在原来轮机的基础上，又增加了一些机械设备，人们将其统称为船舶动力装置。其中，用于保证船舶航行的各种机械设备被称为推进装置，即船舶主动力装置。

船舶主动力装置包括主机、传动设备、轴系、推进器等。启动主机，即可驱动传动设备和轴系，使推进器工作。当推进器（通常是螺旋桨）在水中旋转时，就能使船舶前进或后退。在船舶主动力装置中，主机是最重要的组成部分，所以主动力装置以主机类型命名，主要有蒸汽机、蒸汽轮机、柴油机、燃气轮机和核动力装置5类。其中，蒸汽机曾经在船舶发展史上起过重要作用，但目前几乎已经全被淘汰。

蒸汽轮机动力装置是以蒸汽轮机为主机的推进装置，包括主锅炉、主蒸汽轮机、主冷凝器、主传动装置、轴系、推进器、有关辅机和管路系统等。这种动力装置是在 19 世纪末期发展起来的，其优点是单机功率大，寿命长，可靠性高，并且可使用劣质燃油。缺点是重量和体积大，机动性差，经济性低，操作管理复杂。自 20 世纪 70 年代以来，新建的大、中型水面舰艇（除航空母舰外），有不少已采用燃气轮机动力装置和各种联合动力装置，以代替蒸汽轮机动力装置。

柴油机动力装置是以柴油机为主机的推进装置，包括主柴油机、主传动装置、轴系、推进器、有关辅机和管路系统等。这种动力装置是在 20 世纪初期发展起来的，至今仍被各国中小型舰艇所广泛采用。其优点是经济性好，重量和体积小，机动性高，操作管理方便。缺点是噪声高，震动大，单机功率小。这种动力装置的发展趋势是进一步提高增压比以增大单机功率，采用减震和消音技术以提高隐蔽性，进一步提高其经济性和自动化程度。

采用蒸汽轮机的美国海军"小鹰"级航空母舰

　　燃气轮机动力装置是以燃气轮机为主机的推进装置，包括主燃气轮机、进排气装置、主传动装置、轴系、推进器、有关辅机和管路系统等。它是在20世纪中叶发展起来的新型动力装置，在20世纪70年代以后开始被大中型水面舰艇和特种舰艇广泛采用。它兼有蒸汽轮机和柴油机动力装置的优点，单机功率、经济性和寿命等性能指标已达到较高的水平。其缺点是低负荷热效率低，须用结构较复杂的变向传动装置或变螺距螺旋桨，进排气装置尺寸大，对制造材料和工艺要求高，因此造价较高。这种动力装置的发展趋势是提高进气压缩比，以增大单机功率；改进涡轮叶片的材料、工艺和冷却方法，以提高燃气初温，从而进一步提高热效率；提高易损件的质量，改良进气过滤技术，以延长使用寿命；进一步改进换向技术。

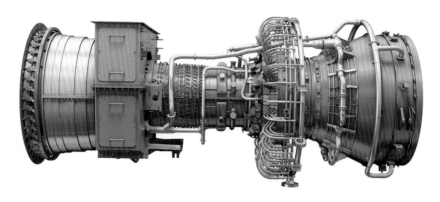

美国通用电气 LM6000 燃气轮机

　　核动力装置是以核裂变所释放的能量为动力的推进装置，包括核反应堆、蒸汽发生器、主蒸汽轮机、主冷凝器、主传动装置、轴系、推进器、有关辅机和管路系统等。

核动力装置工作时不需要空气，核燃料的贮存能量极大，是潜艇理想的动力装置。不过，核动力装置的重量和体积大，建造周期长，造价昂贵，而且会产生放射性污染。

法国海军"戴高乐"号核动力航空母舰

为了获得高航速，军用舰艇必须配备大功率的动力装置。舰艇以高速航行的时间很少，大部分时间是以巡航速度或经济航速航行，因此一种类型或型号的主机很难满足舰艇对主动力装置的全部要求。为此，一些国家的舰艇配备了联合动力装置，即由两种不同类型或型号的主机联合组成的推进装置。它能扬长避短，较好地满足上述要求。其种类有蒸汽轮机—燃气轮机联合动力装置、柴油机—燃气轮机联合动力装置、全燃联合动力装置（巡航燃气轮机和加速燃气轮机）等。

此外，舰艇主动力装置还有电力推进装置和喷水推进装置等。它们通常用于少数特种舰艇，其主机仍为柴油机或燃气轮机。

采用全燃联合动力装置的日本海上自卫队"爱宕"级驱逐舰

军舰水下部分采用红色涂装有何深意

　　不同国家设计和建造的军舰，在上层建筑的布局和涂装颜色等方面各有各的特色，但是水线以下的部分往往都是红色涂装。对此，许多人都会产生疑问，军舰的水下部分大多都无法看见，为什么还要特意涂上油漆？为什么大多数国家都涂成红色？

　　事实上，军舰水下部分的涂装并不仅仅是为了美观，更重要的是它对于军舰的保护作用。现代军舰的水下部分通常有两层油漆，一层是防锈漆，另一层是防污漆。防锈漆直接涂刷在船底外壳上，而防污漆则涂刷在防锈漆上，两者的作用略有区别，防锈漆主要负责防止船体钢材被腐蚀，防污漆主要负责防止海洋生物的附着。

　　军舰长期在海洋中停泊和航行，船底极易附着藤壶类和贝类生物。它们对于军舰的危害主要体现在两个方面：一是会增加船体表面的粗糙程度，拖慢航速；二是附着在船底的动植物在生长中会分泌各种液体，这些液体通常带有腐蚀性，会影响船体的强度。人类在早期的海上航行中发现这个问题后，最初采用的方法是用薄铜板或者其他金属包裹船体的水下部分，这样能起到一定的作用。后来由于舰艇大量使用钢材，继续覆铜的话就会发生电化学反应，导致船壳不断被腐蚀，所以覆铜的方法行不通了。

　　由于无法阻止海洋动植物的附着，一些造船厂便开始采用有毒物质制作涂装，用来毒死这些动植物。二战期间，各国海军大多使用氧化汞或氧化亚铜作为毒剂，辅以沥青和其他材料制作船底漆，一般使用这种毒剂的船底漆都保留原本的暗红色，或者出于有毒警示的目的而加入红色颜料。

美国海军"朱姆沃尔特"号驱逐舰的
舰底红色涂装

美国海军"的黎波里"号两栖攻击舰的
舰底红色涂装

　　最初，这种船底漆存在毒剂渗漏不稳定、有效周期较短的问题，后来有人提出以可溶性基料为基底（一般是氯化橡胶或乙烯树脂），加入毒剂，这样军舰在航行过程中就可以不断释放毒剂以防止各种生物寄生。不过，这种可溶性漆的释放速度太快，无法满足远洋作战军舰的需求，于是又出现了用松香或其他不可溶基料作为基底的不溶性船底漆，也叫接触性防污漆。之后，由于接触性防污漆会形成很薄的皂化层，又改用自抛光防污漆，这种防污漆在水解反应时会释放毒料（通常是含锡毒料），而且由于一边按照设定速率反应一边释放，所以能较好地保持船底船壳的平滑性。

由于上述船底漆会向海洋释放有毒物质，影响海洋生态环境，已经被国际海事组织禁止使用。目前，各国海军大多使用无锡自抛光防污涂料，这种涂料的颜色很多，绿色、蓝色和黑色都有，但是许多国家还是遵循传统，采用红色涂装。

美国海军"福特"号航空母舰
的舰底红色涂装

>>> 综合电力推进有何优势

综合电力推进（Integrated Electric Propulsion，IEP）也被称为全电推进，其原理就是把动力系统和电力系统合二为一，发动机（内燃机）通过轴系将机械传动螺旋桨前进改为发动机负责发电，由电动机推动螺旋桨前进。

采用综合电力推进的英国海军"勇敢"级驱逐舰

　　传统的舰艇动力系统中，通常由一套功率最大的主机，通过直接机械耦合来驱动推进器，另外再设置独立的发电机组来供应舰上所需的电力。一般而言，舰艇推进系统的功率远高于发电机组，然而在实际运作时，舰艇推进系统全功率满载的情况不多，导致许多能量被浪费；而舰上的各项用电设备则每时每刻都需要电力供应，使发电机组经常处于满负荷状态，有时甚至会出现供电吃紧，结果导致部分系统无法获得足够功率。研究显示，舰艇推进机组与发电机组的总功率比为 $8:1 \sim 9:1$，然而每年燃料消耗比例却降为 $2:1 \sim 3:1$，这就意味着两者之间的操作负载失衡。

　　相比之下，采用综合电力推进的舰艇可以则根据舰艇的航速变化、排水量变化、舰艇上电力负荷的变化而任意调整发电机组的运行数量，减少燃料的消耗，因此具有较好的经济性。现代舰艇综合电力推进系统具有电力实时调节的功能，这对于装备大功率探测装备、电磁弹射装置、电磁炮、激光武器等高能耗武器的舰艇极其重要。综合电力推进系统可以在电力推进系统和高能耗设备之间进行快速切换，如电磁弹射器在需要大量电能时，可以对电力推进系统的电能和其他系统的电能进行短暂限制，将电力推进系统的电能快速地全部或部分转换给电磁弹射系统，当电磁弹射系统工作循环完毕后又快速将电能转换给电力推进系统。

采用综合电力推进的英国海军"伊丽莎白女王"级航空母舰

　　除此之外，综合电力推进系统还有不少优点。采用综合电力推进系统的舰艇在总体布局上具有很大的灵活性，发电机组的布置比机械式推进系统更为方便，可以摒弃串联式布置方式而布置在舰艇上其他合适的位置，不仅能优化、节省空间，简化动力系统的结构，而且还能提高燃料和弹药的携带量。由于只需将推进电机布置在舰艇舰部，因此可用短轴系，减少轴系噪声和建造成本。并且由于安装综合电力推进系统的舰艇不再需要庞大的推进动力舱，所以一些武器（如导弹垂直发射装置）的布置可以更为方便和优化。

当然，综合电力推进系统也并非没有缺点，电力推进虽然采用线路传输节省了大量空间，但线路的稳定性不及机械轴系；损管的难度远高于机械轴系，而且舰艇内部的复杂程度越高意味着对舰员的素质要求也越高；柔性电缆的绝缘套管和金属外护套强度不高，即便加上薄钢管，其战时防护能力也相当有限，一旦电力系统受损，舰艇不但无法机动，甚至无法进行有效的防御性作战。

采用综合电力推进的美国海军"朱姆沃尔特"级驱逐舰

>>>>> 舰艇的航行速度以节为单位有何渊源

众所周知，在陆地上表示速度所采用的国际通用单位是米/秒或是千米/时，但在海洋中不一样，舰艇的航行速度通常用节（Knot）来表示。对此，许多人都会感到不解。实际上，节是一种历史悠久的航海速度计算单位，其来源颇有趣味。

16世纪时，欧洲国家的航海技术已经有了一定的发展，但是由于没有时钟和记录航程的仪器，所以人们无法得知舰艇的航行速度。后来，有一位聪明的水手想到了一个记录航行速度的办法：他在舰艇前进的时候，把拖有绳索的浮体抛向水面，然后根据一定时间内拉出的绳索长度计算舰艇的速度。由于当时使用的是流沙计时器，放出的绳索有时会长短不一，于是水手便在绳索上打了许多等距结，这样只要计算一定时间内的节数就可以知道舰艇的航行速度了。此后，舰艇的航行速度便用节来计算，并逐渐成为国际上通用的航海速度计算单位。

时至今日，现代舰艇的测速仪已经非常先进，随时可以用数字显示出来，"抛绳计节"早已成为历史，但"节"作为航海速度计算单位仍然被沿用。海水流速、海上风速、鱼雷等水中兵器的速度等，也是以"节"为单位。现在国际上通用的是1节等于1海里/时，1海里等于1.852千米，所以1节等于1.852千米/时。

航行中的英国海军"无敌"级航空母舰

需要注意的是，海面上并不适用"千米"这个概念，而是普遍采用"海里"来作为海上长度单位。海里原指地球子午线上纬度1分的长度，由于地球略呈椭球体状，不同纬度处的1分弧度略有差异。在赤道上1海里约等于1843米；纬度45°处约等于1852.2米，两极约等于1861.6米。1929年，国际水文地理学会议确定用1分平均长度1852米作为1海里。1948年，国际海上人命安全会议承认1852米或6076.115英尺为1海里，故国际上采用1852米为标准海里长度。

值得一提的是，舰艇上锚链分段制造和使用标志长度单位也用"节"来表示，通常规定锚链长度27.5米为1节。

航行中的美国海军"斯普鲁恩斯"级驱逐舰

高速航行的日本海上自卫队"爱宕"级驱逐舰

在水面航行的澳大利亚海军"柯林斯"级潜艇

>>> 中大型军舰的最高航速定在30节左右有何深意

从风帆时代到蒸汽时代，再到核动力时代，军舰的动力系统已经发生了翻天覆地的变化。然而，现代中大型军舰的最高航速大多都在30节左右，甚至比不上二战时期的军舰。在一贯追求速度的海上装备中，为什么会出现这种现象？

首先，现代海军的作战方式已经和二战时期大不相同。二战时期，军舰主要使用火炮和鱼雷作战，因此往往需要在战斗中利用高航速来抢占阵位、突防，相比而言，高航速比适航性更为重要。二战后，随着军事科技的发展，在雷达、导弹、飞机大发展的背景下，舰艇必须注重隐蔽性和防御性，不能再单纯地追求速度，否则会招致严重的后果。毕竟，即便是喷气式飞机这样的高速飞行器也无法摆脱雷达的追踪和导弹的攻击，更何况体积庞大的军舰。在面对反舰导弹的攻击时，不管是30节航速，还是40节航速，都没有太大的意义。反倒是30节航速时军舰的稳定性更好，电子设备能够更好地工作，军舰的战斗力和生存力也更强。

其次，军舰要想追求高航速，在技术水平相当的前提下，只能将舰体改得更细长，以便减小海水的阻力。不过，这样的改动会使军舰的适航性受到很大影响，在风浪中难以维持平台稳定。例如，美国建造的"自由"级濒海战斗舰，最高航速可以达到47节，但是它的船头非常小，不仅影响军舰的内部空间，而且还影响军舰的舒适性。另外，军舰的航速越高，阻力越大，所需功率也就越高。而且航速和功率之间并不是线性关系，也就是说，可能花了很大代价提高功率，但航速只提高了一点。

美国海军"自由"级濒海战斗舰俯视图

经过长期的实践总结，各国海军都将30节左右航速作为中大型军舰平衡航速与油耗的最佳范围，如果超过这个范围的话，要么会增加油耗，要么会牺牲军舰携带武器弹药或物资的数量，从而影响作战效能。

相对于航空母舰、驱逐舰和护卫舰这些中大型军舰来说，由于小型舰艇需要面对特殊的作战环境和任务需求，所以对它的速度就不会进行限制。例如，美国建造的"先锋"级远征快速运输舰的最高航速为43节，而挪威建造的"盾牌"级导弹艇的最高航速可达60节。不过，小型舰艇都是牺牲了装载量和武器配置才获得了高航速。与中大型军舰相比，小型舰艇配备的武器简单至极。

总而言之，30节航速作为中大型军舰在性能与经济之间的最佳平衡点，在革命性技术出现之前，还会维持很长一段时间，未来随着激光反导、半潜军舰的出现，这个速度还有可能被下调。

航行中的美国海军"先锋"级远征快速运输舰

航行中的挪威海军"盾牌"级导弹艇

▶▶▶ 现代军舰的舰炮有多大作用

　　舰炮自 14 世纪装备军舰以来，经历了滑膛炮时代（14～19 世纪）和线膛炮时代（19 世纪至今）。作为现代海军最古老的舰载武器，在 20 世纪舰载机和导弹武器出现之前，舰炮一直是水面战斗舰艇进行海战的主要武器。

英国海军"公爵"级护卫舰的 Mk 8 型 114 毫米舰炮正在开火

　　二战时期，载满舰载机的航空母舰取代了以大口径舰炮为主要武器的战列舰，成为海上作战的新霸主，舰炮的作用也随之大大下降。20 世纪 60 年代，反舰导弹的出现，以及接踵而至的舰对空导弹和巡航导弹等精确制导武器的大量应用，使舰炮面临有史以来最大的一次挑战。这些精确制导武器射程远、命中精度高、破坏威力大、作战效能好，而舰炮与其相比自然相形见绌。因此，一场关于军舰还要不要装舰炮，以及装什么舰炮的争论日益激烈起来。一些西方国家曾经提出极端的观点：现代军舰可以不装舰炮，舰炮可完全被导弹所取代。

　　然而，在经过多次实战检验之后，舰炮的不可替代性再次得到了确立。1982 年英阿马岛战争期间，英国海军 Mk 8 型 114 毫米舰炮一共发射了包括诱饵弹在内的 8000 余发炮弹，有效地打击了阿根廷的空中和地面有生力量。据英军司令部白皮书记载，在此期间，Mk 8 型 114 毫米舰炮一共击落了 7 架阿根廷飞机。1991 年海湾战争期间，美国海军出动了 2 艘"依阿华"级战列舰（"密苏里"号和"威斯康星"号），使用舰上的 406 毫米超大口径舰炮连续数日对伊方部署在滨海地区的军事目标进行了猛烈的轰击，共发射 100 余发炮弹，摧毁了伊方的岸防导弹阵地、岸炮阵地、雷达站、指挥所等多处军事目标，使伊方遭受重大损失。

　　可见，虽然导弹的出现使舰炮的作用大为降低，但舰炮仍是现代水面舰艇上必不可少的武器。在和平时期，舰炮可执行低烈度作战任务。例如，军舰在执行巡逻警戒任务时，对入侵本国领海的外国船只，可用舰炮实施警告射击。

　　在现代海军的任务中，支援两栖部队、实施对陆打击是舰炮的重要任务之一，如果仅有导弹对敌滩头、近岸阵地进行打击，则会因其面积大、工事繁多而需要发射大量导弹，进而使作战成本剧增。而使用舰炮打击陆地目标，可在短时间内向目标区倾泻大量弹药，成本相对较低，同时炮弹的体积较小，可在舰上大量存放。以美国海军"朱姆沃尔特"级驱逐舰装备的"先进舰炮系统"（Advanced Gun System，AGS）为例，每艘驱逐舰可以储备 600 ～ 750 发炮弹，在使用"远程对陆攻击弹药"后，其最大射程可达 185 千米，同时圆概率误差仅有 20 米。

美国海军"阿利·伯克"级驱逐舰的 127 毫米自动舰炮

美国海军"朱姆沃尔特"级驱逐舰的
先进舰炮系统

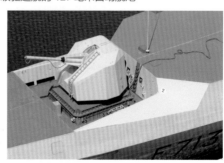

法国海军"拉斐特"级护卫舰的
100 毫米自动舰炮

▶▶▶ 鱼雷这种古老的武器如何在导弹时代屹立不倒

鱼雷是一种水中兵器，它可以从舰艇、飞机上发射，发射后可以自行控制航行方向和深度，遇到舰艇，只要一接触就可以爆炸。自19世纪60年代问世、20世纪初应用于实战以来，鱼雷便一直在反舰、反潜作战中发挥着重要作用。

第一次世界大战（以下简称"一战"）开始时，鱼雷就已经被公认为仅次于舰炮的舰艇主要武器。一战期间，被鱼雷击沉的运输船达1153万吨，占被击沉运输船总吨位的89%；被鱼雷击沉的作战舰艇有162艘，占被击沉作战舰艇总数的49%。二战期间，这个比例虽然有所下降，但是仍旧非常可观。

1938年，德国首先在潜艇上装备了无航迹电动鱼雷，它克服了热力鱼雷在航行中因排出气体形成航迹而易被发现的缺点；1943年，德国首先研制出单平面被动式声自导鱼雷，可以接收水面舰艇的噪声，这种功能极大地提高了鱼雷的命中率；二战末期，德国又发明了线导鱼雷，发射舰艇通过与鱼雷尾部连接的导线进行制导，从而不易被干扰；20世纪50年代中期，美国制成双平面主动式声自导鱼雷，可以在水中进行三维空间搜索，并自动攻击潜航的潜艇；1960年，美国又研制出"阿斯洛克"火箭助飞鱼雷（也被称为反潜导弹），它由火箭运载飞行至预定地点入水自动搜索、跟踪并攻击潜艇；20世纪70年代后，鱼雷采用了微型计算机，改进了自导装置的功能，增强了抗干扰和识别目标的能力。

美国海军在两次世界大战中
使用的Mk 8鱼雷

美国海军舰艇上的"阿斯洛克"火箭
助飞鱼雷发射装置

可以说，正是因为鱼雷在随着科技的进步而不停地升级换代，才使得这种古老的武器能在导弹时代继续发光发热。尽管由于反舰导弹的出现，使鱼雷的地位有所下降，但它仍是海军的重要武器。特别是在攻击型潜艇上，鱼雷依然是其最主要的攻击武器。

现代鱼雷具有航行速度快、航程远、隐蔽性好、命中率高和破坏性大的特点，既可用于攻击潜艇，也可用于攻击大中型水面舰艇。除由舰艇、飞机携载外，还可配置在要塞、港口和狭窄水道两侧的岸基发射台，用于攻击入侵的敌方舰艇。

与反舰导弹相比，现代鱼雷对水面舰艇造成的破坏有过之而无不及。鱼雷的杀伤原理是炸断舰艇的龙骨，因此被攻击的舰艇极有可能沉没，而反舰导弹通常是利用爆炸破坏舰艇的水上部分，如果被攻击的舰艇吨位够大且损管得当，则仍能保持不沉。例如，1982 年英阿马岛战争中，阿根廷海军"贝尔格拉诺将军"号巡洋舰被英国海军"征服者"号核潜艇发射的鱼雷击中后，仅仅一小时便葬身海底，舰上官兵有 1/3 丧生。相比之下，英国海军"谢菲尔德"号驱逐舰在被"飞鱼"反舰导弹击中 6 天后才被迫自沉。

时至今日，海军面临的反潜、反舰形势更加严峻，水面舰艇和潜艇都有十分完善的反导手段，并有强大的对海、对空及反潜火力。在这种形势下，鱼雷在水下的作战地位越来越高，它不仅是未来海战有效的反潜武器，而且也是打击水面舰艇、破坏岸基设施的重要手段。目前，世界各国都非常重视鱼雷的研究、改进和制造，目的是使鱼雷更轻便，进而提高其命中率、爆炸力和捕捉目标的能力。

美国海军 Mk 48 重型鱼雷发射瞬间

美国海军 Mk 54 轻型鱼雷发射瞬间

▶▶▶ 舰载导弹垂直发射系统有何优势

舰载导弹垂直发射系统（Vertical Launching System，VLS）是针对倾斜式导弹发射臂存在的反应时间长、发射速率低、载弹数量少、占用面积大等缺点而研制的一种舰载导弹发射装置，最早用于潜艇发射弹道导弹和远程巡航导弹。

采用倾斜式发射的
RIM-24"鞑靼人"舰对空导弹

最初，美国、英国、俄罗斯等国并没有考虑研制舰载导弹垂直发射系统。直到 20 世纪 60 年代中期以后，随着第三代战斗机和新型反舰导弹的出现，军舰面临的空中威胁骤然增大，美国才开始投入大量资金研制舰载导弹垂直发射系统。与倾斜式导弹发射臂相比，舰载导弹垂直发射系统具有以下优点。

第一，反应快、发射速度快，而且能全向发射。舰载垂直发射系统的导弹都是封装好的，接到发射指令即可发射，即使遇到发射故障，也可以迅速选择其他发射单元来发射导弹，所以导弹发射速度可达 1 枚 / 秒。导弹发射升空后可向任意方向转弯飞行，具备全向攻击能力。而传统的倾斜式发射则需要导弹装填上架、发射架转向和俯仰等操作，同时发射装置上的导弹打完后还存在再装填的问题，如果遇到故障导弹，还需要排除故障，因此其反应时间和发射速度就慢了许多，正常情况下5～10秒才能发射1枚导弹。此外，倾斜式发射装置受到上层建筑的遮挡及旋回、俯仰等的限制，射界有限，故无法实现全向发射。

美国海军"提康德罗加"级巡洋舰上的 Mk 41 垂直发射系统

第二，模块化、通用化能力好。舰载导弹垂直发射系统普遍采用模块化设计，没有甲板式弹库装填发射所需的复杂操作和控制部件，结构简单，大大减少了舰上所占空间，导弹又都是预先封装在发射箱（筒）内，大大降低了日常维护和保养的工作量，提高了全系统的可靠性。通用化是指舰载导弹垂直发射系统实现了多种导弹共架发射，例如美国 Mk 41 垂直发射系统就能发射"标准"系列和"改进型海麻雀"舰对空导弹、"阿斯洛克"反潜导弹、"战斧"巡航导弹、远程反舰导弹（Long Range Anti-Ship Missile，LRASM）等。

第三，重量轻、结构紧凑、省钱。舰载导弹垂直发射系统不需要回旋、俯仰的伺服系统，也不需要导弹上架系统，所以模块重量大幅减轻，结构也很紧凑，对舰上的供电要求也很低。而结构上的简单化、标准化以及预先封装等技术的采用，又大幅降低了造价和全寿命使用费。

美国海军勤务人员
正在检查 Mk 41 垂直发射系统

英国海军"公爵"级护卫舰
的垂直发射系统正在发射导弹

舰载导弹垂直发射系统如何避免"哑弹"伤害

　　舰载导弹垂直发射系统可分为热发射和冷发射两类。热发射系统是利用导弹本身的引擎产生推力将导弹射出发射管，因此系统本身并无动力，并拥有排焰排气的机构。热发射系统的优点是效率较高，它能够节省发射系统的体积和重量并降低其维护成本。但在安全性方面，热发射系统却比冷发射系统略逊一筹，因系统本身并无动力将有问题的导弹射出，当出现卡弹或其他的问题时，难以排除。

　　冷发射系统可以使用其他机构将导弹弹射出去（最常使用的是高压空气，利用气冲的方式将导弹弹射出去），待导弹离开发射管后，再点燃引擎。该系统的优点是安全性高，因为它能够有效地将故障导弹射离舰艇以保证安全。此外，由于导弹离开发射管后才点燃引擎，因此冷发射系统不必承受点燃导弹所产生的高热火焰，使用寿命相对较长，对导弹气动外形改动也较小，有利于保证导弹的飞行性能。不过，相比于热发射系统，冷发射系统的效率较低。

"阿利·伯克"级驱逐舰
的垂直发射系统正在装弹

"阿利·伯克"级驱逐舰
发射"战斧"巡航导弹

在冷发射系统的实际使用过程中，导弹升空后不点火或者点火失败（俗称"哑弹"）极有可能危害发射舰艇。为此，如何避免"哑弹"造成的伤害是水面战斗舰艇在安全性设计中必须考虑的问题。一般来说，导致"哑弹"砸回发射舰艇的因素主要是导弹的出筒速度、出筒倾角和空中风速，要据此进行综合计算，才能得出"哑弹"砸回发射舰艇的概率，并在水面战斗舰艇的设计中将这一概率尽量降到最小。

由于水面战斗舰艇是在海洋上航行的，尤其是在对抗场景下，舰艇的航速较高，并且出于战术需要，舰艇需要经常进行转弯，因此通常会受到海上风浪作用而产生横摇和纵摇，在这样的情况下，"哑弹"砸回发射舰艇的概率就会变高。为了提高采用垂直冷发射系统的水面战斗舰艇的安全性，海军工程人员需要进行大量的研究工作，通过仿真运算，尤其是水面战斗舰艇在各种横摇条件下，计算出"哑弹"砸回发射舰艇的概率，并根据这些结果，对水面战斗舰艇的设计提出修改意见，最大限度地保证舰艇安全性。

严格说，采用冷发射技术的舰载导弹垂直发射系统其实并不算真正的垂直发射，只能算是准垂直发射。在设计时为了保证发射舰艇的安全，往往会将发射轴向舷外倾斜一定角度，弹射发射的导弹以一定的角度离舰，即使点火失败，导弹也会以较高的概率落入海中。

"阿利·伯克"级驱逐舰
发射"标准"导弹

德国海军"萨克森"级护卫舰
发射"海麻雀"导弹

近程防御武器系统的工作原理是什么

近程防御武器系统（Close-In Weapon System，CIWS）是一种装设或配属在海军舰艇，用来侦测与摧毁逼近的反舰导弹或相关的威胁飞行物，只作为近距离防卫用途的武器系统，通常简称为近防系统。目前，世界上较为成熟的近防系统有美国的"密集阵"系统、俄罗斯的"卡什坦"系统、荷兰的"守门员"系统、意大利的"标枪"系统、西班牙的"梅洛卡"系统、以色列的"台风"系统、土耳其的"海天顶"系统等。

近防系统与航空母舰的发展及反舰导弹的发展有着紧密的联系。早期航空母舰的固定武器主要有 100 毫米以上口径的舰炮（主要用于攻击敌方舰艇）、20 ～ 30 毫米口径的高射炮以及高射机枪。这些高射炮及高射机枪多由人工操作，其射速低、精度低、毁伤能力低，不能给航空母舰提供有效的保护。而更多的防空任务则交给其他护航舰艇，因此整个航空母舰战斗群的防空能力十分有限。之后，近程防空导弹被航空母舰所应用，使其防空能力有所提高。然而，反舰导弹的速度越来越快、隐身能力越来越好、自身规避能力越来越强，使得防空导弹有时也无能为力。因此，近防系统受到了一些国家的关注，于是这些国家纷纷开始着手研制新一代防空武器，用小口径舰炮发射高速密集炮弹来拦截反舰导弹及飞机。

美国"密集阵"近程防御武器系统　　　　俄罗斯"卡什坦"近程防御武器系统

一般来说，航空母舰战斗群的防御区域可分为 3 层，即远程防御区、中程防御区和近程防御区。远程防御区主要由舰载预警机、战斗机以及航空母舰和护航舰艇上的中程防空导弹、搜索雷达等系统构成。当预警机和搜索雷达发现入侵者时，便可在第一时间作出反应，变被动为主动，让战斗机和防空导弹进行拦截。中程防御区以近程防空导弹及电子干扰系统为主，但近程防空导弹不能有效拦截低空、高速的反舰导弹，而电子干扰系统也无法保证 100% 的干扰成功率，一旦反舰导弹突破前两层防御，整个航空母舰战斗群就会完全暴露在敌方可视范围内，每艘舰艇都将成为敌军的活靶子。此时，就需要近防系统进行最后的拦截反制。

一套近防系统通常由以下构件组成：雷达、电脑、多管快速开火的中型口径机炮（加特林机枪），且炮座基台可进行方位性角度旋转。该系统的原理就是依靠高速、密集的炮弹引爆来袭的反舰导弹，通常具有精确度高、火力密度大、毁伤力高、适应性强、探测跟踪手段先进的特点。例如，荷兰"守门员"近防系统中的 GAU-8/A 型 30 毫米七管火炮，射速可达 4200 发 / 分。

近防系统是航空母舰和护航舰艇的最后一道防线，因此其目的不是击落所有导弹，而是攻击导弹的弹头，避免导弹对舰艇造成严重损害。如果不能攻击弹头，近防系统就会射击导弹前后，在导弹弹体上打洞，迫使导弹偏离航道或提前引爆。

近防系统在发展初期多以机炮系统为基础，但之后逐渐出现有效防御范围更远、可同时追踪与攻击多重目标的导弹基础系统，并且该系统成为新的主流设计。

荷兰"守门员"近程防御武器系统

西班牙"梅洛卡"近程防御武器系统

近程防御武器系统的安装位置有何讲究

水面舰艇安装近程防御武器系统的位置很有讲究。首先应该考虑到能够防御不同方向来袭的目标，一般在驱逐舰、护卫舰上安装2座近防系统就能满足全方位防御的要求，但其在航空母舰上的安装数量有明显增加。

由于航空母舰的舰体庞大、机动性能较低、上层建筑复杂，所以需要3～4座近防系统才能满足全方位防御需求。以美国航空母舰为例，"小鹰"级、"企业"号以及早期的"尼米兹"级航空母舰的前2艘均只安装了3座"密集阵"近防系统，而"尼米兹"级航空母舰的后续舰则安装了4座"密集阵"近防系统，以确保其能拦截各个方位来袭的导弹及战机，不留死角。

日本"金刚"级驱逐舰上层建筑
前方安装的"密集阵"近程防御系统

美国海军"尼米兹"级航空母舰
左舷安装的"密集阵"系统

考虑到水面舰艇的整体布置，在一艘舰艇上，近防系统通常安装在较高的位置，这样在射击时就可以较少受到舰艇上其他设备的影响，从而确保方位射界。但航空母舰要考虑的因素就很多了，航空母舰有宽阔的飞行甲板，为了舰载机能够安全起降，飞行甲板上安装了许多特殊设备，近防系统不能安装在起降面上是因为其会影响飞机起落。因此，在飞行甲板的一侧，近防系统安装在甲板下层平台上，且高度不能超过飞行甲板，安装位置比较低，其方位射界相应就会减小。所以，在航空母舰上需要安装多座近防系统来完成防御任务。

例如，美国"尼米兹"级航空母舰安装 4 座"密集阵"近防系统，安装在舰艇的左右两侧。俄罗斯"库兹涅佐夫"号航空母舰上的 30 毫米 AK-630 近防炮在左右舷台上成对安装，在艉部的左右舷台上单座安装，"卡什坦"近防系统对称地安装在舰体前后部。

美国海军"尼米兹"级航空母舰的"密集阵"近程防御系统正在开火

近程防御武器系统能否拦截高速反舰导弹

虽然近程防御武器系统被称为水面舰艇对空防御的最后一道防线，但是面对高速（超音速、超高音速）反舰导弹，它仍然显得力不从心，现役大多数近防系统很难拦截速度超过 2 马赫的反舰导弹。目前，近防系统在对付高速反舰导弹以及末端机动的反舰导弹时，面临的挑战主要有以下几个方面。

第一，系统反应时间。新一代超音速反舰导弹大都采用低空甚至超低空掠海飞行方式，使水面舰艇难以在远距离发现来袭导弹。当目标速度大于 3 马赫后，现役大多数近防系统都没有足够的反应时间对目标实施拦截，因此最终会导致拦截失败。

第二，有效拦截区段发射的弹数。近防系统对反舰导弹的最佳拦截区段通常都在 2～3 千米范围内，当反舰导弹飞行速度越来越快后，在同样的有效拦截区段内火炮能够发射的弹数将越来越少，这样势必会降低拦截成功的概率。以俄罗斯"卡什坦"近防系统为例，在有效拦截区段内，当来袭导弹速度达到 3 马赫时，至少需要发射 400 发炮弹才能成功拦截，而"卡什坦"近防系统很难在这么短的时间和距离内发射这么多的炮弹。

展览中的俄罗斯 P-500"玄武岩"超音速反舰导弹

第三，系统跟踪预测的精度。反舰导弹的高速机动飞行，特别是飞行末端的不规则机动，将导致火控解算精度的大幅降低。由于近防系统发射的炮弹与目标相遇需要飞行一段时间，所以在炮弹飞行时间内对超音速和末端机动反舰导弹运动规律的准确预测，是决定炮弹命中精度最关键的因素。

美国海军"惠德贝岛"级船坞登陆舰的"密集阵"系统正在开火

第四，弹丸的威力。现代反舰导弹的威力不断增大，这给近防系统的炮弹拦截也带来了严峻挑战。如果近防系统的炮弹威力不足以迅速消灭目标，那么反舰导弹上威力巨大的战斗部仍然有可能对舰艇造成巨大的伤害。此外，在近距离命中时，还可能会出现由推进燃料等造成的附加破坏效应。

第五，对多目标的处理能力。饱和攻击曾被苏联海军总司令戈尔什科夫誉为对付航空母舰编队最好也是唯一的办法。如今，航空母舰及其护航舰艇仍然可能受到多枚反舰导弹的协同攻击。对近防系统而言，对付多目标的能力实际上考验的是火炮动态跟踪、多目标预测和解算以及随动系统的火力转移能力。

"密集阵"系统的六管 20 毫米口径机炮特写

相控阵雷达与传统机械扫描雷达相比有何优势

相控阵雷达（Phased Array Radar, PAR）即相位控制电子扫描阵列雷达，它是借由改变天线表面阵列所发出波束的合成方式来改变波束扫描方向的雷达。相控阵雷达从根本上解决了传统机械扫描雷达的种种先天问题，在相同的孔径与操作波长条件下，相控阵雷达的反应速度、目标更新速率、多目标追踪能力、分辨率、多功能性、电子对抗能力等都远优于传统机械扫描雷达。

相控阵雷达可分为无源相控阵雷达（Passive Phased Array Radar, PPAR）和有源相控阵雷达（Active Phased Array Radar, APAR）两类。前者技术性能较低，在20世纪80年代已有成熟的系统部署于海军舰艇上，而性能更优异、发展前景更好，但技术性能较高的有源相控阵雷达则到了20世纪90年代末期才有实

日本海上自卫队"秋月"级驱逐舰的 FCS-3
相控阵雷达

用的舰载系统开始服役。与传统的机械扫描雷达相比，相控阵雷达的优势主要体现在以下几个方面。

第一，能对付多目标。相控阵雷达利用电子扫描的灵活性、快速性和按时分割原理或多波束，可实现边搜索边跟踪的工作方式，与电子计算机相配合，能同时搜索、探测和跟踪不同方向和不同高度的多批目标，并能同时制导多枚导弹攻击多个空中目标。因此，适用于多目标、多方向、多层次的空袭作战环境。

第二，功能多，机动性强。相控阵雷达能够同时形成多个独立控制的波束，分别用以执行搜索、探测、识别、跟踪、照射目标和跟踪、制导导弹等多种功能，一部相控阵雷达能起到多部专用雷达的作用，而且还远比它们能够同时对付的目标数量更多。因此，可大大减少武器系统的设备，从而提高系统的机动能力。

第三，反应时间短、数据传输速率高。相控阵雷达不需要天线驱动系统，波束指向灵活，能实现无惯性快速扫描，从而缩短了对目标信号检测、录取、信息传递

等所需的时间，具有较高的数据传输速率。相控阵天线通常采用数字化工作方式，使雷达与数字计算机能有效结合起来，从而大大提高自动化程度，简化了雷达操作步骤，缩短了目标搜索、跟踪和发控准备时间，便于快速、准确地实施雷达程序和数据处理，从而提高对空中高速机动目标的跟踪能力。

第四，抗干扰能力强。相控阵雷达可以将分布在天线孔径上的多个辐射单元综合成非常高的功率，并能合理地管理能量和控制主瓣增益，可以根据不同方向上的需要分配不同的发射能量，有利于实现自适应旁瓣抑制和自适应抗各种干扰，以及发现远距离目标和小雷达反射面目标（如隐形飞机），还可提高抗反辐射导弹的能力。

安装有 AN/SPY-1 相控阵雷达的澳大利亚海军"霍巴特"级驱逐舰

小知识：

> 天线方向图通常都有两个或多个瓣，其中辐射强度最大的瓣称为主瓣，其余的瓣称为旁瓣或副瓣。

第五，可靠性高。相控阵雷达的阵列单元较多，且为并联使用，即使有少量单元失效，雷达仍能正常工作，突然完全失效的可能性很小。此外，随着固态器件的发展，相控阵雷达的固态器件越来越多，甚至已生产出全固态相控阵雷达，其天线的平均故障间隔时间高达 15 万小时，因此即使有 10% 的单元损坏也不会影响雷达的正常工作。

安装有 AN/SPY-1 相控阵雷达的韩国海军"世宗大王"级驱逐舰

安装有欧洲多功能相控阵雷达的法国海军"地平线"级驱逐舰

舰艇如何进行内部通信和外部通信

在无线电技术诞生前的很长一段时间里,军用舰艇上的通信方法都很原始。早期用海螺、钟、鼓等发出声音以及用狼烟、五色旗、手旗和焰火、火箭等视觉信号传递消息,后来又发明了汽笛声和信号灯等信息传递方式。毫无疑问,这些原始方法严重限制着舰艇的通信距离。而当军用舰艇的动力以及作战系统进入机械化时代后,这些方法就更加难以满足舰艇传递指挥命令及协同信息的需要了。

现代无线电舰艇通信技术产生于19世纪末20世纪初。1897年夏,俄国人亚历山大·波波夫(Alexander Popov)在波罗的海上的"非洲"号和"欧洲"号军舰之间首次进行了无线电通信试验。1899年,意大利人古列尔莫·马可尼(Guglielmo Marconi)在英国的3艘军舰上安装了无线电通信设备,第一次实现了舰艇之间的无线电通信。20世纪20~80年代是现代无线电舰艇通信技术的重要发展时期。20世纪20年代,短波远距离传播特性研究的深入及电离层反射的发现,使短波无线电报和电话得到迅速应用,世界各国纷纷建立了海岸和舰艇用的短波电台;40年代,超短波视距通信得到发展,舰艇与港口开始装备超短波无线电台;50年代末,随着短波通信技术的发展,舰艇开始使用短波单边带通信设备。

美国海军"好人理查德"号两栖攻击舰的舰员使用无线电通信

20世纪60年代初，美国首次进行了舰载卫星终端的试验。此后，卫星通信进入高速发展时期并大量应用于舰艇。与此同时，美国与苏联先后研发并建立了用于与深潜核潜艇进行通信的超低频大功率发射台，同时对蓝绿激光对潜通信等新的对潜通信方式展开了相关研究并取得了一定的进展。20世纪80年代，短波通信技术的新发展又使短波通信的质量和应用提升到了新的水平。之后，由于计算机技术、微电子技术和信息技术的快速发展，舰艇通信进入了一个全面信息化和网络化的新时代。

目前，舰艇通信可分为内部通信和外部通信，也就是在舰艇内部以及舰艇与外部之间的通信。两者的功能有所区别：内部通信是保障舰艇内部指挥、会议电话、生活勤务及监视报警等任务的通信；而外部通信一般应具有舰—岸、舰—舰、舰—空无线通信以及应急救生通信的功能和能力。两者在通信方式上的主要区别是内部通信以有线方式为主，其所用的技术与设备和民用电信系统类似；外部通信主要采用无线方式，其在某些频段上与商业移动通信系统有不少共通之处，但外部通信使用了更多的频段和方式来保证其通信的可靠性。

内部通信和外部通信是舰艇通信中两个密不可分的组成部分，它们在通信业务种类、调制方式、组网特点及信息管理上有不少共通之处。事实上，从20世纪90年代开始，舰艇通信中的内部通信和外部通信就基本上不再以独立系统的形式出现了，而是两者被完全结合在一起，形成了内外一体化的舰艇综合通信系统。

美国海军航空母舰勤务人员正在进行内部通信

Part 02
航空母舰篇

　　航空母舰是一种以舰载机为主要作战武器的大型水面舰艇，通常拥有巨大的甲板和舰岛，舰岛大多坐落于右舷。航空母舰是现代海军的重要武器，也是一个国家综合国力的象征。依靠航空母舰，一个国家可以在远离其国土的海域以及不依靠当地机场的情况下对目标施加军事压力和进行作战。

建造航空母舰需要克服哪些技术难题

航空母舰是世界上最庞大、最复杂、威力最强的武器之一，是一个国家综合国力的象征。它是囊括了舰体（含适航性能和续航动力及移动机场）、四维电子设备（含空天导航、高新技术雷达及抗电磁设备）、自卫武器（含导弹、防空火炮、反潜武器）和攻击武器（舰载机）等不同技术成分的系统组合，不仅科技含量和技术难度非常高，技术要求复杂，而且对新材料、新工艺的应用都有特殊而苛刻的要求，绝非一朝一夕可以达成。

目前，世界上有能力独立自主建造航空母舰的国家极少。从技术难度分析，设计和建造航空母舰必须具备五大能力：大型计算机辅助工程设计、大型试验水池和风洞、特种钢材、配套电子设备、舰载机技术。

冷战时期，美国依靠大型计算机的帮助，仅在一年半内就绘制出"尼米兹"级核动力航空母舰建造所需的十余万张图纸。而苏联不具备这种条件，因此只能大量运用人工运算和绘制，结果用了比美国多两倍的时间才勉强绘制出大吨位航空母舰的设计图纸。

美国建造的"尼米兹"级核动力航空母舰

美国在制造真正意义上的航空母舰时，前期对设计、制造、材料等相关领域的研究和试验要求很高。而拥有大型试验水池和风洞，是设计航空母舰的重要前提。目前，世界上只有美国、俄罗斯、英国和法国等少数国家拥有这些研究和试验设施。根据美国海军工程规范，建造航空母舰一般要经过船体放样、船体机件加工、船体装配、设备安装等十余道复杂工序。其中，航空母舰的船体放样至关重要。这道工序需要以标准化的大型试验水池、风洞及超高速计算机为依托，当今世界仅有不到10家公司有能力完成。

缺乏特种钢材也是许多国家无法建造航空母舰的重要原因。由于航空母舰的船体必须能承受住9级以上风浪，飞行甲板必须能承受住舰载机起降时的高温和高摩擦力，所以对钢材强度要求很高。目前，只有极少数国家有能力制造航空母舰用钢，美国还将其列为战略物资，不允许国内企业擅自对外出口。

配套电子设备能否跟上航空母舰建造周期也是重要制约因素。美国航空母舰使用的电子配套系统，一般在船体建造前几年便已着手研制和生产，这样可以避免在总装时出现空等局面。相比之下，苏联／俄罗斯在建造"库兹涅佐夫"号航空母舰时因为电子设备未能及时到货，导致其至少延误了一年半工期。

苏联／俄罗斯建造的"库兹涅佐夫"号航空母舰

此外，舰载机作为航空母舰最关键的武器，其制造难度也很大，目前舰载机制造技术仍然控制在极少数国家手里。由于舰载机的制造要求极为苛刻，因此常常使那些有心建造航空母舰却无力制造舰载机的国家陷入窘境。与舰载机配套的弹射技术也是许多国家绕不开的难题，尽管蒸汽弹射器原理简单，但并不容易生产，其所需的承载滑块、导轨、汽缸、活塞及传动装置不仅需要超级精密机床加工，而且工艺流程非常复杂且精度要求极高。现今这些制造技术为美国独家垄断，相关技术高度保密。

美国海军 F/A-18"大黄蜂"战斗 / 攻击机正在弹射起飞

美国海军"林肯"号航空母舰及其舰载机编队在阿拉伯海执行任务

>>> 建造航空母舰对材料有何要求

　　作为支持海军海空立体作战的武器平台，航空母舰在现代战争中发挥着不可替代的作用，因此其质量也必须达到极致。建造航空母舰的各种材料必须是各个领域内的顶尖材料，或者是只有航空母舰才有资格使用的稀有材料。在各种材料中，钢材无疑是最重要的一种。

　　航空母舰用钢特别是飞行甲板用钢要求极高，在军用舰艇中也许只有核潜艇可以与之相比。具体来说，建造航空母舰所使用的钢材必须具备以下特性。

　　第一，抗海水腐蚀。海水对舰艇底部的腐蚀特别厉害，会严重影响舰艇的航行速度和防护能力。因此，建造一般民用和军用舰艇的钢材都要求有较强的抗海水腐蚀能力。相比之下，航空母舰的作战环境更为恶劣，维护所需时间更长，因此，要求所用钢材抗海水腐蚀的能力就更强。

美国海军"卡尔·文森"号航空母舰高速航行时激起巨浪

　　第二，防磁。一般钢铁都带有一定磁力。由于地球本身是有磁场的，一般低磁钢铁制造的舰艇服役久了，会受地球磁场磁化，产生磁力。磁力对军舰来说是非常不利的。因为这意味着舰艇容易被敌方磁力探测仪侦测到，或易受到敌方磁性水雷等武器的攻击。因此，航空母舰用钢材的磁力越小越好。

第三，耐高温和耐冲击能力。飞机在陆地上起飞，一般需要在 3 千米长的跑道上助跑、起飞。而在航空母舰上，舰载机在一两百米内，就要从静止状态完成滑跑、起飞、腾空的过程。除了依靠弹射装置助推外，更要求舰载机本身有强大的推力。当舰载机起飞时，发动机喷射出的火焰温度极高，足以熔化普通钢材制作的甲板。另外，舰载机着舰时，对甲板的冲击力极大。因此，航空母舰对甲板的抗冲击力、抗扭曲力的要求非常高。另外，航空母舰甲板还要有抵抗敌方穿甲弹攻击的能力。

美国海军 F/A-18"大黄蜂"战斗 / 攻击机起飞时喷射的火焰

第四，高强度、高韧性。建造航空母舰所使用的钢材强度要远远高于普通军用舰艇的钢材强度，采用高强度钢板可以减轻船体重量，增强抗弹能力。特别是飞行甲板的钢材，由于要承受舰载机起飞过程中的高温和高摩擦力，所以更要精益求精。船用特种钢材的屈服强度一般用 MPa（兆帕）表示，油轮、散装货船、集装箱船等民用船只所用钢材屈服强度只需要 250 MPa 即可，普通军用舰艇在 300 MPa 以下就行。而航空母舰用钢，特别是航空母舰飞行甲板用钢一般要求在 850 MPa 以上。

目前，世界上能制造航空母舰、潜艇用钢的只有美国、俄罗斯、法国和日本等少数几个国家。其中，质量最好的钢材是美国开发的 HY 系列钢材（包括 HY-80、HY-100、HY-130 等）和 HSLA 系列钢材（包括 HSLA-80、HSLA-100、HSLA-115 等），以及俄罗斯开发的 AK 系列镍铬加钛合金钢。

俄罗斯海军"库兹涅佐夫"号航空母舰在大洋中航行

法国海军"戴高乐"号航空母舰在大洋中航行

斜角甲板与全通甲板相比有何优势

巨大的飞行甲板是航空母舰最明显的外形特征,它是航空母舰特有的也是极其重要的分层甲板。陆基飞机如果起飞时速度不够,仅需要延长起飞时间即可,舰载机则完全不同,因为航空母舰飞行甲板的空间有限,舰载机没有多余的跑道滑行。因此,飞行甲板的设计对航空母舰的战斗力有着至关重要的影响。

在航空母舰发展初期,飞行甲板就是在舰艇处装置一条长直钢板,因跑道长度有限而起飞速度不足,加上飞行甲板末端的上层建筑构造会产生不利于飞行的气流,这种设计很快被摒弃。之后,出现了全通甲板,其外观为长直的矩形,拦阻网将甲板分为前后两部分,前段为舰载机起飞区,后段为舰载机降落区。当拦阻网放下时,甲板前后两部分合二为一,舰载机就能从舰艇向前自由测距滑跑起飞。

采用全通甲板的日本"凤翔"号航空母舰

采用全通甲板的美国"游骑兵"号航空母舰

自航空母舰问世至20世纪50年代初期,全通甲板一直是各国航空母舰的主流设计方式。喷气式飞机时代来临后,以往能够满足螺旋桨飞机起飞的前段跑道长度无法令其起飞,若从后段甲板起飞,则会令其他舰载机无法降落,从而降低起降效率。

另外，全通甲板也存在降落失败会撞毁跑道上飞机的问题。英国曾尝试在甲板上铺设橡胶，让舰载机在没有放下起落架的条件下降落，但这会造成舰载机降落后出现难以移动的情况。

有鉴于此，英国海军上校丹尼斯·坎贝尔（Dennis Campbell）提出将甲板至舰身中心线左偏10°，前段甲板就可用来安全地停放飞机和进行起飞的设计概念，若飞机在斜角区降落失败也不会撞到起飞区与停机区的飞机。1952年5月，美国海军也在"中途岛"号航空母舰（USS Midway CVB-41）的斜角甲板上尝试起降螺旋桨飞机与喷气式飞机，效果皆令人非常满意。此后，斜角甲板设计技术逐渐成熟，喷气式舰载机也在20世纪50年代中期大量服役，美国海军还将大量老式航空母舰改为斜角甲板。

美国海军"中途岛"号航空母舰

时至今日，中大型航空母舰大多采用斜角甲板，舰体前方的直通部分用于飞机起飞，长70～100米，斜角部分位于主甲板左侧，用于飞机降落，长220～270米，两部分夹角为6°～13°。与全通甲板相比，斜角甲板的优势是：降落飞机未能钩住拦阻索时，可马上拉起复飞而不会与前甲板停放的飞机相撞。另外，舰载机起飞和降落可同时进行。

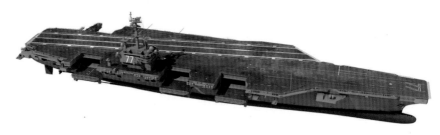

采用斜角甲板的美国海军"布什"号航空母舰

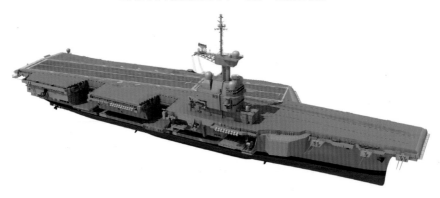

采用斜角甲板的法国海军"戴高乐"号航空母舰

>>>> 滑跃起飞的工作原理和优点是什么

从航空母舰诞生至今，其舰载机的起飞方式主要有 4 种：自主起飞、弹射起飞、垂直起飞和滑跃起飞。其中，自主起飞类似于陆基飞机的起飞方式，飞机依靠自身的动力沿飞行甲板跑道加速起飞，现在已经很少使用。而垂直起飞存在着难以克服的致命缺陷，会限制舰载机的综合作战能力，所以应用并不广泛。因此，各国现役主力舰载机大多采用弹射起飞和滑跃起飞两种方式。由于弹射起飞的技术要求较高，目前仅有美国完全掌握了蒸汽弹射器制造技术，而英国、俄罗斯、西班牙、意大利、印度和泰国等国的航空母舰只能采用成本低、技术简单的滑跃起飞方式。

滑跃起飞由英国人道格拉斯·泰勒（Douglas Taylor）发明，最早于 20 世纪 70 年代应用在"无敌"级航空母舰（Invincible class aircraft carrier）上。滑跃起飞的原理是飞机贴着甲板进行滑行加速时，经由向上抬升 4°～15° 的飞行甲板获得正轨迹角、俯仰角速度和一定的初始高度。滑跃甲板会使飞机的部分速度转为向上的升力，相比于垂直起飞，这种方法更能节省油耗。

装有滑跃甲板的英国海军"无敌"级航空母舰

装有滑跃甲板的意大利海军"加富尔"号航空母舰

与弹射起飞相比，滑跃起飞的优点包括：弹射起飞必须在航空母舰上安装弹射器，并且在这个区域不能进行其他作业，而滑跃起飞不需要，这就扩大了航空母舰的可用空间；弹射起飞需要把舰载机牵引到弹射区由专门的人员固定到锁定器上，等人员离开后才能起飞，而滑跃起飞只要前方没有障碍就可起飞；舰载机滑跃起飞时离海面较高，不易触到大浪，而弹射起飞时高度较低，而且弹射时巨大的过载，可能使飞行员产生意识昏迷；大部分弹射式航空母舰仍然采用蒸汽弹射器，必须耗费大量淡水，而淡水是海上的重要资源，滑跃起飞则不需要消耗淡水；如果滑跃甲板在战斗中被损坏，经过修补后，舰载机仍可起飞。而弹射器一旦损坏，舰载机就无法起飞。

装有滑跃甲板的俄罗斯海军"库兹涅佐夫"号航空母舰

滑跃起飞的缺点是对飞行员的驾驶技术要求较高，舰载机的载重也比弹射起飞的舰载机少（载重中包括油料，过重会影响其航程），还会降低舰载机的离舰速度、增加起飞所需跑道距离，舰载机起飞时需额外加速，要耗费更多燃油，导致其作战时间较短、起飞效率也比弹射起飞低。由于滑跃起飞方式一次只能让1架舰载机起飞，所以在执行大规模机群的行动时颇费时间。为了弥补这个缺点，俄罗斯"库兹涅佐夫"号航空母舰（Kuznetsov 063）设计了两条跑道。

装有滑跃甲板的泰国海军"查克里·纳吕贝特"号航空母舰

>>> 蒸汽弹射器如何将舰载机弹射升空

蒸汽弹射器（steam catapult）是二战后现代航空母舰使用的主要飞机弹射器，这主要是由于喷气式飞机的出现，舰载机重量大幅提升，自力起飞和原先的弹射器设备已不足以满足其需求，于是英国人柯林·米切尔（Colin Mitchell）在1951年提出将航空母舰蒸汽轮机的蒸汽连动到弹射器上，进而发明了航空母舰使用的蒸汽弹射器，并在"珀尔修斯"号航空母舰（HMS Perseus R51）上首次安装试验。

美国海军"埃塞克斯"级航空母舰
的蒸汽弹射器外部特写

　　时至今日，蒸汽弹射器已经是一个非常复杂的系统工程，其主要包括起飞系统、蒸汽系统、归位系统、液压系统、预力系统、润滑系统和控制系统等。蒸汽弹射器有两种弹射方式：拖索式和前轮牵引式，前者是以钢索将舰载机挂载于滑块上，再快速向前移动，将飞机沿着甲板上的轨道拖曳加速，进而使飞机起飞，2018年退役的巴西"圣保罗"号航空母舰（Sao Paulo A12）便采用这种弹射方式；后者是将飞机前轮上的弹射杆挂载于甲板上弹射器的滑块中，经由弹射的拖曳获得加速效果，它可以节省大量的人力，弹射时间也更短，但舰载机需要经过专门设计，目前这种弹射形式是主流。

巴西海军"圣保罗"号航空母舰

　　蒸汽弹射器以蒸汽为动力，其管线铺设于飞行甲板下，并在甲板的沟槽上连接一个滑块，在前轮牵引式的条件下，舰载机会用弹射杆勾住滑块，当弹射器充气完成后，甲板会立起阻挡热蒸汽、保护甲板作业人员的喷流挡板（分为耐热砖和流水冷却式两种，目前新建航空母舰大多采用前者，在不需要进行弹射作业的情况下可盖起来成为甲板的一部分），飞机再借由蒸汽的强大推力驱动滑块前进而起飞，多余的蒸汽再于管线末端排出，若气候恶劣、甲板勤务人员不好进行作业时，可以由甲板上的弹射器综合控制系统操作，其为甲板上的一个半圆形透明操作室，船员可通过该处操作弹射系统，不使用时可关闭使其成为甲板的一部分。

🔔 小知识：

　　一般来说，大型航空母舰上会配备2部以上的弹射器，可在2秒内将静止的舰载机加速到300千米/时，大约每20秒即可让1架舰载机升空。

　　由于蒸汽弹射器造价昂贵，制造和安装技术比较复杂，维护保养非常费时，占用航空母舰空间过大和过重（以美国"尼米兹"级航空母舰为例，4部蒸汽弹射器重量就有2280吨，体积则有2265立方米），所以只有极少数国家拥有相关的制造技术。目前，美国拥有C-13型蒸汽弹射器，除供给美国海军使用外，法国海军也有引进。

美国海军航空母舰
勤务人员正在检修蒸汽弹射器

美国海军 F/A-18 "大黄蜂" 战斗 / 攻击机借助蒸汽弹射器起飞

▶▶▶ 电磁弹射器与蒸汽弹射器相比有何优势

电磁弹射器是美、英等国正在研制的最新一代航空母舰专用飞机弹射器，其中美国已公开宣布研制成功，并将其安装在正在建造中的"福特"级航空母舰（Ford class aircraft carrier）上。电磁弹射器的原理类似于磁悬浮列车，能有效降低维护和弹射成本，并能提升航空母舰的自动化程度。电磁弹射器使用一台直线电动机作为动力来源，这是其与传统的蒸汽弹射器最大的不同。

电磁弹射器的装备重量很轻（只有 20 吨左右）、造价适中、维护成本较低，系统的淡水消耗量较少，同时也更节能。电磁弹射器占用的空间更小，运作需要的人员也更少，可靠性也更高。一部蒸汽弹射器弹射一次需要消耗大量蒸汽，并且要在航空母舰甲板下安装庞大的机械设备。电磁弹射器使用航空母舰产生的电能，安装也更为简易。另外，将大量的水烧开产生蒸汽储备需要十几个小时，而电磁充能只需要数分钟，这种紧急应战能力在实战中具有很大的优势。

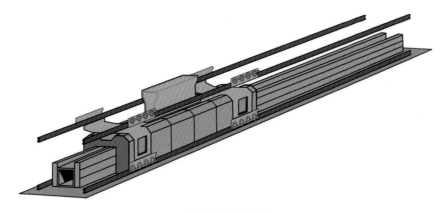

电磁弹射系统示意图

相比于蒸汽弹射器，电磁弹射器可以弹射更重型的飞机，其加速的过程更均匀，对飞机的结构伤害也更小。电磁弹射器的加速度可以精确地控制，针对重型战斗机和小型无人机可调节不同能量输出，以适应其不同起飞速度要求。美国的电磁弹射器弹射速度的范围为每秒 28 ~ 103 米，中间为无挡段，但传统蒸汽结构只有几个较粗挡段，飞机设计重量只能为特定几种重量，过轻或过重都不行。另外，电磁弹射器的最大弹射输出功率能够达到 122 兆焦，而传统的蒸汽弹射器只有 95 兆焦。相比之下，电磁弹射器的能量输出多了 28%。电磁弹射器的能量利用率也高出了 5%。

当然，电磁弹射器同样存在缺点：一旦航空母舰的电力系统或核反应堆出现故障，整套系统将无法运作。另外，由于电磁弹射器需要消耗大量的电力，因此作为其能量来源的 4 套发电机组也将占用较大的空间。

安装有电磁弹射器的美国海军"福特"级航空母舰

"福特"级航空母舰搭载的 F/A-18F"超级大黄蜂"战斗 / 攻击机准备弹射起飞

"菲涅耳"透镜光学助降装置如何帮助舰载机着舰

在航空母舰诞生之初，舰载机的降落作业非常困难，并且发生事故的伤亡较多，因而最早在美国海军"兰利"号航空母舰（USS Langley CV-1）上出现了两种革命性的辅助降落制度：设置降落指挥官、使用拦阻网。其中，降落指挥官一般由技术纯熟的飞行员担任，主要负责在甲板上判断降落条件、飞机高度等信息，然后挥动旗帜传递信号，引导舰载机降落。后来，这两种制度都传入了英国。

进入喷气式舰载机时代后，由于其速度过快，降落指挥官和飞行员都反应不及，原有制度已不能保证安全降落。1952 年，英国海军中校尼可拉斯·古德哈特（Nicholas Goodhart）设计出了早期的光学助降装置——助降镜。它是一面大曲率反射镜，设在舰艉的灯光射向镜面再反射到空中，给飞行员提供一个光的下降坡面（与海平面夹角为 3.5°～4°），飞行员可以沿着这个坡面并以飞机在镜中的位置修正误差，直到安全降落。

由于助降镜受海浪颠簸影响较大，飞行员往往会跟丢光柱，并且难以再次捕捉。20 世纪 60 年代，英国研制出第二代光学助降装置——"菲涅耳"光学助降装置，其在原理上与助降镜相似，也是在空中提供一个光的下滑坡面，但它提供的信号更有利于飞行员判断方位，并修正误差。

美国海军"尼米兹"级航空母舰勤务人员正在检修"菲涅耳"光学助降装置

　　"菲涅耳"光学助降装置设在航空母舰中部左舷的一个自稳平台上,以保证其光束不受舰体左右摇摆的影响。该装置由4组灯光组成,主要是中央竖排的5个分段的灯箱,通过"菲涅尔"透镜发出5层光束,光束与降落跑道平行,与海平面保持一定角度,形成5层坡面。灯光由着舰引导员(Landing Signal Officer, LSO)控制,他们在舰体后部左舷的平台上,分别观察舰载机的位置、起落架、襟翼、尾钩等情况,一面与飞行员通话,一面操纵灯光信号。在舰岛上部左后方设有主飞行控制室,1名飞控官监视飞行甲板和空中的情况,进行最后的安全把关。

🔔 小知识:

　　"菲涅尔"透镜是由法国物理学家奥古斯汀·菲涅尔(Augustin Fresnel, 1788 年 5 月 10 日至 1827 年 7 月 14 日)发明的,他被誉为"物理光学的缔造者"。

　　当不允许舰载机着舰时,左右两侧红色灯发出闪光,绿色水平基准灯不亮;当允许舰载机着舰时,红色灯不亮,绿色基准灯则发出固定光,"菲涅尔"透镜也同时发光。它发出的光要比绿色基准灯强,而且上下不同位置的透镜发出的定向光束各代表一种下滑角。黄色光是高的下滑坡面,红色光是一个低的下滑坡面,橙色光是正确的下滑坡面。舰载机飞行员下滑时,如果看到的是橙色光束,就可以准确地着舰了;如果看到的是黄色光束,就说明舰载机下滑角度太大;如果看到了红色光束,则说明舰载机下滑角度太小。

美国海军"尼米兹"级航空母舰上的"菲涅耳"光学助降装置

美国海军"尼米兹"级航空母舰上的着舰引导员正在引导舰载机着舰

拦阻索如何拦截降落的舰载机

　　舰载机拦阻装置是航空母舰上的重要辅助设备，其实现了舰载机在长度有限的航空母舰甲板上安全着舰。拦阻索是拦阻装置中的重要组成部分，它与舰载机直接接触。早在 1911 年，美国"宾夕法尼亚"号装甲巡洋舰（USS Pennsylvania ACR-4）便利用拦阻索，首次实现了飞机拦阻降落。时至今日，各主要国家已经先后研发了重力式、制动式、液压式、液压缓冲式、涡轮电力式等多种类型的拦阻装置。

美国海军"尼米兹"级航空母舰勤务人员正在整理拦阻索

　　航空母舰最早使用的是重力式拦阻装置，它的结构非常简单，就是两端系上沉重沙袋的粗麻绳。使用时把绳子拉紧横向布置在舰载机预计降落的甲板上。舰载机降落时，机身下面的尾钩钩住一根拦阻索，沉重的沙袋与甲板产生的摩擦力使飞机减速。为了提升拦阻效果和成功率，早期航空母舰通常布置十几根甚至20多根拦阻索。

　　重力式拦阻装置虽然方便，但拦阻能量较低，在螺旋桨舰载机时代尚能发挥作用，进入喷气式舰载机时代后就失去了使用价值。不过，这种横跨甲板布置拦阻索的方式和拦阻原理一直沿用至今，成为各国航空母舰拦阻装置的标准配置形式。目前，现役航空母舰主要使用液压缓冲式拦阻装置。喷气式舰载机之所以在降落时并不会关闭发动机，主要是为了保证在情况不好时可以马上复飞，所以现代航空母舰的拦阻索数量已大幅减少。

美国海军F/A-18"大黄蜂"战斗 / 攻击机着舰时尾钩与甲板擦出巨大火花

　　以美国航空母舰为例，舰上通常设有4根拦阻索，第一根设在距离斜角甲板尾端55米处，然后每隔14米设一根，由弓形弹簧张起，高出飞行甲板30～50厘米。由于要承受舰载机的巨大冲击力、甲板的摩擦力以及各种化学物品和海水的腐蚀，拦阻索不仅要有很高的强度，还须保持很好的柔韧性和耐腐蚀性，因此其对索体材料和编织工艺要求极高。美国航空母舰的拦阻索直径约35毫米，由6股钢丝绳组成，每股由12根主钢丝和12根辅助钢丝紧密缠绕，最大可承受约85万牛的拉力。

当舰载机即将降落时，先放下起落架和襟翼，再将尾钩放下。舰载机俯冲着舰，其尾钩就可能钩住间隔布置在甲板上的多根拦阻索中的一根，通常第二、第三根拦阻索的拦阻概率最高。舰载机的尾钩钩住拦阻索继续向前滑跑，拦阻索给舰载机施加向后的作用力，使其速度越来越小，最终安全停在甲板上。在舰载机停止的瞬间，拦阻索中存在的应力可使舰载机向后滑动很小一段距离，拦阻索会自动从舰载机的尾钩上脱落，使失去拉力的拦阻索恢复到原来的位置，为下一架舰载机的降落做好准备。至此，一架舰载机在拦阻索的帮助下完成降落。如果着舰时没有钩住拦阻索，舰载机则可以加大发动机油门采取逃逸复飞措施，在低空飞行后重新着舰。

🔔 小知识：

据美国海军统计，正常情况下白天着舰的舰载机尾钩钩住第二、第三根拦阻索的概率约为62%，尾钩钩住第四根拦阻索的概率约为18%，尾钩钩住第一根拦阻索的概率约为16%。而在夜间，尾钩大多会钩住第三、第四根拦阻索。另外，白天舰载机的逃逸复飞率为4%，夜间则高达12% ～ 15%。

美国海军F/A-18"大黄蜂"战斗／攻击机着舰时钩住拦阻索

成功降落的美国海军 F/A-18"大黄蜂"战斗 / 攻击机

拦阻网如何保护着舰失败的舰载机

拦阻网是为了让降落的舰载机免于意外采取的一项保险措施，如果降落的舰载机没有钩住拦阻索并且无法逃逸复飞（如飞行员受伤、机体受损、燃油耗尽等），拦阻网可以避免舰载机撞上甲板上停放的飞机或摔出飞行甲板，并且不会毁损机体。

美国海军"尼米兹"级航空母舰勤务人员正在整理拦阻网

　　1926 年，美国海军格利上尉驾机在"兰利"号航空母舰上降落时，尾钩没有钩住拦阻索，飞机径直撞向了停在甲板上的机群，导致 12 架飞机受损。事故发生后，舰长决定用木架和缆绳在飞行甲板前架起一道网，用于拦阻降落失败的飞机，这就是拦阻网产生的由来。拦阻网的发明大幅提升了飞机的降落效率，1923 年未使用拦阻网时美国海军最佳的成绩是 7 分钟降落 3 架飞机，1926 年使用拦阻网后则是 4 分 20 秒降落了 6 架。

　　现代航空母舰配备的拦阻网一般由高强度尼龙材料制成，网体由上、下水平主吊带和数量众多的垂直竖带构成，下水平主吊带与后方横贯甲板的一根缓冲钢索连接。舰载机冲入拦阻网后，垂直竖带会缠绕在主机翼上，将冲击力传递到水平主吊带以及钢索上，迫使舰载机停下来。

利用两侧支柱竖立起来的拦阻网

　　现代航空母舰上的拦阻网一般设在第三根拦阻索处，高约 4.5 米，宽略大于拦阻索。拦阻网的垂直竖带宽约 76 毫米，厚约 7 毫米，间隔约 900 毫米，可承受的冲力大于拦阻索。一般情况下，拦阻网并不会张开，而是放在跑道左侧。跑道两侧各有一根可悬挂拦阻网的支柱，放倒在槽内，与飞行甲板齐平。一旦发生紧急情况，勤务人员可在 2 分钟内支起拦阻网。

　　与可以重复使用的拦阻索不同，拦阻网使用 1 次后必须更换。因为拦阻网属于紧急迫降手段，冲入拦阻网中的舰载机会受到不同程度的损伤，而拦阻网也会报废，因此无法再次使用。

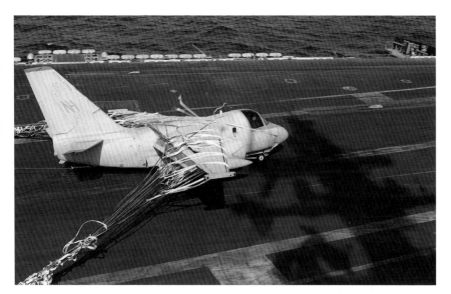

美国海军 S-3"维京"反潜机被拦阻网逼停

>>>> **航空母舰的升降机如何设置和运作**

　　由于航空母舰的机库位于飞行甲板下面，因此，舰载机在机库和飞行甲板之间的移动需要借助升降机。在航空母舰的运作过程中，升降机扮演着非常重要的角色。其大小和形状都必须合理布局，面积过大会挤占甲板过多的宝贵空间，面积过小则影响飞机在机库和飞行甲板之间的转运效率。

　　早期航空母舰的升降机一般布置在飞行甲板的中线上，被称为"舰内升降机"。这种升降机的防浪性和安全性较好，但舰体的纵向强度损失较大，需要用几百吨钢材来补差，而且占用的有效空间较大，装甲防护也差，特别是不能同时弹射和回收飞机。后来，美国海军在 1942 年完工的"埃塞克斯"号航空母舰（USS Essex CV-9）上首次采用了"舰侧升降机"，将升降机位置调整到舰侧。

🔔 **小知识：**

　　美国"福莱斯特"级航空母舰曾在斜角甲板前方设置了一具升降机，以便舰载飞机降落后立刻收入机库，然而后来发现这样做的机会其实很少，另外航空母舰航行时溅起的浪花会波及舰载机，因此从"小鹰"级航空母舰开始美国海军又将该升降机的位置调整到侧舷。

舷侧升降机为悬臂梁，其构造是在航空母舰机库甲板的舷边开个洞，在洞外设两道垂直的导槽。升降机平台靠近舷边的一端有几组导向轮卡在导槽内，平台伸到舷外的另一端，在升降机两边用绳索起吊，借升降机侧面导向轮的反作用力来平衡整个升降机的负荷及钢索张力。工作时，导向轮沿导槽上下滚动，平台就随之上下移动，将飞机由机库升至飞行甲板，或由飞行甲板移至机库。

舷侧升降机的发明使航空母舰飞行甲板不必开口，从而提高了舰体结构强度，且由于三面对空，可起降大型舰载机，并可增加机库的面积。但其缺点也是明显的，升降机必须在舷侧开口，其加工工艺难度较大，同时这会导致舰体水密、气密及防化性能较差，而且海浪也容易冲上升降机平台。不过相比较而言，舷侧升降机还是利大于弊，因此，其至今仍为大多数航空母舰拥有国所采用。

美国海军"企业"号航空母舰使用升降机运送 F/A-18 "大黄蜂"战斗 / 攻击机

至于升降机布置在左舷还是右舷，则因不同的航空母舰而异。升降机的位置应适于将飞机供给弹射器，并有助于迅速将回收的飞机送入机库。目前，美国"尼米兹"级航空母舰上装有 4 部升降机，左舷斜角甲板处有 1 部，右舷有 3 部。该舰升降机舷侧开口处的四角采用圆弧形，内外有两层门，在遭遇大风浪或核生化武器攻击时，可将两层门密封关闭，使舰体得到加固。美国新建造的"福特"级航空母舰将升降机减为 3 部，左舷 1 部位置不变，右舷只保留了 2 部，原因是前部的升降机较少使用，而且在高海情航行时海水会涌上升降机平台。而英国新造的"伊丽莎白女王"级航空母舰的 2 部升降机均在右舷。

　　升降机的尺寸取决于航空母舰上最大飞机的尺寸和输送的有关设备。"尼米兹"级航空母舰上使用的升降机开口宽 23.5 米、纵深长 15.9 米，表面积为 374 平方米，自重 105 吨，提升能力达 40 多吨，表面材料为钢板覆盖铝合金。

美国海军"尼米兹"级航空母舰升降机上的 X-47B 无人机

美国海军"尼米兹"级航空母舰的舰员在升降机上跳水

英国海军"伊丽莎白女王"级航空母舰设在舰岛后方的 2 部升降机（黄色标识）

▶▶▶ 毫不起眼的弹药升降机为何至关重要

谈起航空母舰，人们总是对升降机运行过程、拦阻索工作原理、飞行甲板布局、舰载机性能等话题津津乐道。然而，航空母舰上有一个对航空母舰的出动率与性能影响非常大的设备，却很少有人提及，甚至很多人都不知道它的存在，这就是弹药升降机。

航空母舰上的弹药升降机被飞机升降机的阴影所覆盖，在绘制航空母舰三视图的时候，弹药升降机往往被忽视，但是弹药升降机作为航空母舰上不可缺少的存在，会直接制约舰载机的出动效率与架次，那么航空母舰作为一国海军的绝对核心，不起眼的弹药升降机如何影响其战斗力，弹药升降机的位置又会产生哪些影响？

美国"福特"级航空母舰的首舰于 2017 年 7 月开始服役，却迟迟没有形成战斗力，主要原因就是弹药升降机出了问题。"尼米兹"级航空母舰的弹药升降机可以以 30 米 / 分的速度运送 4.5 吨弹药，而"福特"级航空母舰的"先进武器升降机"能以 45 米 / 分的速度提升 10.8 吨弹药。虽然"福特"级航空母舰的弹药升降机性能非常先进，但却并不可靠，其 11 台弹药升降机只有 4 台能正常使用。

美国海军"福特"级航空母舰的先进武器升降机正在工作

弹药升降机和飞机升降机不同，飞机升降机沟通的是机库甲板与飞行甲板，而弹药升降机沟通的是弹药库、机库甲板、飞行甲板，而且并非所有的弹药升降机都需要穿透机库甲板，例如"福特"级航空母舰的 11 台升降机中，只有 4 台升降机穿透了机库甲板，其余 7 台升降机仅沟通弹药库与机库甲板。在小轿车一般大小的空间内常态化抬举 10 吨以上的弹药，这对结构的强度要求非常高，而且弹药升降机直通弹药库，一旦弹药升降机被击穿，整艘航空母舰都会陷入危险的境地。因此，弹药升降机的数量不能多也不能少。

"尼米兹"级与"福特"级航空母舰均有 4 台弹药升降机位于飞行甲板位置，但是两者位置不同。"福特"级航

法国海军人员参观"福特"级航空母舰的先进武器升降机内部

空母舰的弹药升降机更加靠近停机区位置，并且 4 台升降机中的 3 台不会受到舰载机起飞的影响，地勤人员可以轻而易举地将弹药推到战斗机附近并给战斗机挂载弹药。舰岛前部的升降机密集到了 3 架战斗机共享 1 台升降机的地步，所以右侧停机区舰载机的弹药挂载速度极快，起飞准备时间短，放飞效率高。而位于燃气导流板正后方的弹药升降机，能免受发动机燃气的困扰，也能为待飞战斗机加注燃油和挂载弹药。

　　"尼米兹"级航空母舰的弹药升降机同样位于飞行甲板右侧，但是弹药升降机的大小不规整，位置不规则，而且前部弹药升降机位于起飞区。只要有舰载机起飞，前部升降机就无法使用。也就是说，"尼米兹"级航空母舰能够常态化运作的弹药升降机只有 3 台。而这 3 台升降机，有 2 台位于舰岛左侧，1 台位于停机区左侧，也就是说第二弹药升降机为舰岛前部停机区的舰载机补充弹药，第四弹药升降机为舰岛后部停机区的舰载机补充弹药，第三弹药升降机同时为舰岛前后以及斜侧停机区停放的舰载机补充弹药。至于没有弹药升降机的左侧停机区，因为停放于这个位置的战斗机非常少，所以使用飞机升降机运输弹药即可。

美国海军"尼米兹"级航空母舰的弹药升降机

　　整体来说，弹药升降机应当分开布置，并尽量贴近停机区并避开机库正前方。每个停机区至少配备 1 台，以实现弹药运输流程的最优化，避免出现挂载 1 枚导弹要推着数吨重的弹药推车跑几百米的尴尬局面，飞行甲板前部的弹药升降机数量应当多一点，因为在舰载机回收状态时，前部的弹药升降机越多，越有利于弹药的快速回收。

美国海军"杜鲁门"号航空母舰的弹药升降机

航空母舰的舰岛设在右舷有何好处

现代航空母舰的舰岛都设在右舷，这是经过实战检验后得出的结论。英国作为航空母舰的起源国，早期曾经将航空母舰的舰岛设在左舷，但在使用过程中发现一个问题，就是舰载机飞行员在遇到危险时大多喜欢向左飞，因此发生了不少舰载机撞击舰岛的事故。英国海军对这种现象进行了调查，最后发现一般人驾驶飞机、汽车等交通工具时遇到危险的第一反应就是向左躲避，据说这和绝大多数人心脏长在左侧有关系。于是，从"半人马"级航空母舰开始，英国海军就将航空母舰的舰岛统一挪到了右舷。

与英国相比，同时期开始建造航空母舰的日本在舰岛位置的问题上吃了更多苦头。当时日本作为航空母舰大国，拥有多艘航空母舰，每次出行都是多艘航空母舰结伴而行。日本设计师认为，2 艘航空母舰并排航行时，如果舰岛都在右舷，将不利于两舰同时进行舰载机的起飞与回收工作。如果将一艘航空母舰的舰岛设在右舷，而另一艘设在左舷,两舰配合起来会更加方便。因此,日本在20世纪30年代建造的"苍龙"号和"飞龙"号航空母舰,舰岛就是一个在右舷一个在左舷。

然而,实际情况却和日本设计师的想法截然不同。由于二战时期日本舰载机的操纵杆在飞行员两腿之间,而飞行员一般用右手操作。如果飞机要转弯,飞行员向左拉动操纵杆,远比向右顺手。由于"飞龙"号航空母舰的舰岛设在左舷,飞行员在降落失败后拉升复飞时避让舰岛会很不方便,一不注意就会撞到舰岛。在发生多起撞击舰岛事故后,日本设计师最终将舰岛放在了右舷。

舰岛设在左舷的日本"飞龙"号航空母舰

有了英国和日本的前车之鉴,美国、法国和苏联等国在建造航空母舰时也沿袭了这一传统,形成了航空母舰的舰岛统一在右舷的布局。

舰岛设在右舷的美国海军"企业"号航空母舰

舰岛设在右舷的美国海军"福特"级航空母舰

舰岛设在右舷的俄罗斯海军"库兹涅佐夫"号航空母舰

"伊丽莎白女王"级航空母舰的双舰岛有何利弊

英国海军新一级航空母舰"伊丽莎白女王"在外形上给人最惊艳的感受就是其双舰岛的设计，因为它不同于多年来常见的采用单舰岛的航空母舰。众所周知，对于以舰载机为立身之本的航空母舰来说，飞行甲板应该越简洁越好。早期处于摸索阶段的全通甲板航空母舰曾经省略过上层建筑，但后来因发现这种设计对导航与航空管制不利而作罢。因此，单舰岛已经是不得已而为之，为何"伊丽莎白女王"级航空母舰还要增加一个舰岛？

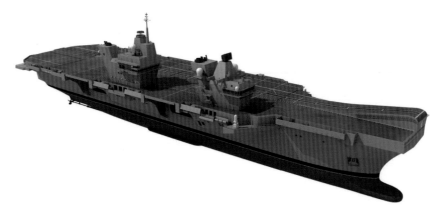

英国海军"伊丽莎白女王"级航空母舰 3D 模型图

其实，英国海军有自己的考虑。"伊丽莎白女王"级航空母舰一前一后两个舰岛，前者负责舰艇控制，后者负责飞行控制。从本质上讲，这种设计就是将传统的单舰岛一分为二平行放置，有点类似于双座战斗机的舱位设置。双舰岛的好处主要有以下几点。

第一，从空气动力学角度来说，双舰岛的布局减少了飞行甲板上空的气旋，能够使舰载机起降时周围的气流更加平稳，安全性更高。

第二，从充分利用舰体空间的角度来说，双舰岛提高了下层甲板空间布置的灵活性。

第三，从提升航空母舰生存能力的角度来说，大吨位的航空母舰必须使用更大的舰岛，将单个舰岛拆开能够有效缩小尺寸，易于降低雷达反射面积，这与"伊丽莎白女王"级航空母舰的整体隐身设计理念一致。同时，两个舰岛存在部分功能重叠，这也提升了航空母舰自身的抗打击能力。

英国海军"伊丽莎白女王"级航空母舰的双舰岛

第四，从舰载机调控管理的角度来说，将航行与飞行管理功能分开后，后舰岛上的飞行控制中心位于调控飞机着陆的最佳位置，这样有利于更好地控制舰载机的起降秩序，从而提高舰载机的起降效率。

第五，英国海军非常重视电磁兼容、抗干扰问题，在相关技术仍然不成熟的情况下，采用双舰岛布局将种类繁多的电子设备和复杂的天线分散布置，是避免信号间相互干扰的有效举措。

第六，从作战需求的角度来说，双舰岛设计在某种程度上体现了英国对未来航空母舰的角色定位。英国海军认为，航空母舰是未来海军的指挥中枢，必须具备强大的通信指挥能力，这与美国的思路完全不同。因此，核心的定位决定了"伊丽莎白女王"级航空母舰将安装更多的信息化设备，而双舰岛的设置为这些设备提供了较单舰岛更多的安装点，并且分布更加均匀，位置更佳，有利于充分发挥电子设备特别是雷达的性能。

虽然双舰岛设计有不少好处，但其同时也存在无法回避的缺点。例如，双舰岛会对飞行员的视野造成一定阻碍，舰岛高度水平面下方的横向气流不够稳定等。总体来说，"伊丽莎白女王"级航空母舰采用双舰岛设计是为了平衡自身需求和技术水平，并不一定比单舰岛的设计更先进。

英国海军"伊丽莎白女王"级航空母舰左舷侧前方视角

英国海军"伊丽莎白女王"级航空母舰左舷侧后方视角

航空母舰对舰载机有何特殊要求

　　航空母舰是一个尺寸有限的海上浮动平台，所以在航空母舰上起降并停放的舰载机具有一些与陆基飞机不同的特殊设计要求和使用维护特点。

　　第一，舰载机的起降性能更加优良。由于海洋气象条件和风浪的影响，航空母舰不时摇晃，甲板飞行区域面积有限，这些都增加了舰载机起飞和降落的难度。因此，舰载机必须重心低、抗倾倒能力强，具备比陆基飞机更好的起降性能，同时也要有良好的低速操纵性。

美国海军 F/A-18 "大黄蜂" 战斗 / 攻击机

　　第二，舰载机的机体结构更加坚固。由于航空母舰起飞甲板长度有限，舰载机通常要借助弹射器起飞。起飞时，舰载机上的挂钩与弹射器相连，在自身发动机推力和弹射力共同作用下，只需要滑跑几十米便能脱钩飞离甲板升空。降落时，舰载机借助自身的尾钩和航空母舰上的拦阻索，只需滑跑很短的距离就能强行停止。因此，舰载机必须具有坚固的机体结构以及减震性能良好的起落架，才能承受住弹射起飞的加速度和降落时的冲击负荷。

　　第三，舰载机占用的停放空间更小。舰载机机翼一般都采用折叠结构，多数舰载机的机翼可在停放时向上折叠，有的机头和垂直尾翼也可折转。这样既缩减了舰载机在甲板停机坪上的占用面积，也便于舰载机在空间有限的机库中停放。另外，舰载机的机体上有系留装置，可将飞机系留在舰上，以防止航空母舰剧烈摇摆时飞机翻倒。而陆基飞机通常没有必要设计成这样的结构。

美国海军 F-35C"闪电Ⅱ"舰载战斗机

第四，舰载机的抗腐蚀能力较强，以抵御海水的侵蚀。由于航空母舰的可移动性，其可能会遭遇几乎所有天气和环境的考验。高海况、低温、强风和腐蚀性盐雾，会给海上活动的人和机械造成极大的威胁。在这种环境下，以常用的镁、铍等材料来制造舰载机并不合适，因此必须选用综合性能良好的材料，尤其是在疲劳强度和断裂韧性方面，其要求更高。舰载机的结构材料和功能材料必须具有良好的防护性能，即防盐雾、防潮湿、防霉菌的能力。与此同时，舰载机还采用先进的表面防护技术进行表面防护处理，并采用密封等措施来隔离环境的腐蚀作用。

机翼折叠后的俄罗斯海军苏-33"海侧卫"舰载战斗机

法国海军"戴高乐"号航空母舰搭载的"阵风 M"战斗机

>>>> 现代航空母舰需要配备哪些舰载机

　　航空母舰上的主要武器就是几十架甚至上百架各种舰载机，如战斗机、攻击机、反潜机、预警机、侦察机、空中加油机、运输机等，有的航空母舰上还有电子战飞机、无人驾驶飞机等。航空母舰只有搭载了上述各种舰载机，形成强大的综合作战能力后，才能成为舰队的核心。

　　舰载战斗机一般具有战斗和截击两种功能。其主要任务：一是进行空战，消灭和打击敌方战斗机，夺取作战区域的制空权和制海权，保证己方的攻击机顺利执行攻击任务；二是与己方预警机构成航空母舰的防空体系，当预警机发现敌方进攻的飞机和导弹时，在预警机和舰上指挥中心的指挥和引导下去截击敌方的飞机和导弹，将其击毁，以保护己方舰船不受敌方的攻击。

　　舰载攻击机的主要任务是对敌方海上和陆上目标实施轰炸和攻击，它是航空母舰的主要攻击力量。其特点是：攻击火力强，攻击武器是鱼雷、导弹和炸弹；机动性强，它比一般轰炸机的体积小、重量轻，能进行低空和超低空飞行，有的能垂直／短距起降；既能轰炸，又能空战；航程较远。

苏-33"海侧卫"战斗机从"库兹涅佐夫"号航空母舰上起飞

　　舰载反潜机的主要任务是搜索和攻击敌方潜艇。它的速度要比舰艇的速度快得多，这就使其能够及时到达指定的海域，并在较短的时间内，完成大片海域搜索和攻击敌方潜艇的任务。舰载反潜机具有良好的低速、低空性能，并且航程远，续航时间长，容易对敌方潜艇实施低空连续跟踪和重复捕捉。

"尼米兹"级航空母舰搭载的 AV-8B"海鹞Ⅱ"攻击机

　　舰载预警机是用于舰队的防空预警，并能指挥引导己方飞机执行作战任务的舰载机，有固定翼预警机和预警直升机两类。其中，固定翼预警机可随航空母舰到远洋活动，机内安装有雷达、敌我识别、情报处理、指挥控制、通信、导航和电子对抗等设备，能综合分析判断目标信息、识别目标、判断威胁程度、选择攻击武器、向海上指挥系统提供情报，从而引导己方飞机或防空导弹攻击目标。

　　舰载侦察机的主要任务是获取敌方军事情报，为舰队作战提供敌情资料。电子侦察是这种飞机的主要侦察方式。舰载侦察机上的电子侦察设备能接收敌方雷达和通信设备工作时所发射的无线电波，通过截取敌方无线电信息，测定敌方设备的性能和位置。其电子侦察的主要对象是敌方的早期预警雷达、火控雷达和海面拦截设备等。

"尼米兹"级航空母舰搭载的 E-2"鹰眼"预警机

　　舰载空中加油机是专门用来给空中作战飞机实施加油的飞机。它主要装载燃油，通过加油机上的加油系统将燃油输送给其他空中飞行的舰载机，以提高舰载机的航程。

　　舰载电子战飞机的主要任务是使用电子对抗设备干扰敌方的雷达和无线电通信设备，使之不能正常工作，以达到掩护己方飞机顺利执行作战任务的目的。

"尼米兹"级航空母舰搭载的 EA-18G"咆哮者"电子战飞机弹射起飞

>>> 垂直起降舰载机有何利弊

　　垂直起降舰载机是利用垂直起降技术起降的舰载机，它不需要滑跑就可以起飞和着陆，并且对跑道条件要求较低。早在20世纪40年代初，就已经有人在探索飞机垂直起降的技术。当时，英国有人提出将喷气升力发动机装于飞机上，来实现垂直起降的设想。20世纪40年代末，美国也开始对各类垂直起降飞机模型进行研究，但因当时喷气式发动机的起飞推力达不到使飞机垂直升起的要求，因此最终没能获得成功。

英国海军装备的"鹞"式垂直起降攻击机

　　20世纪50年代中期，航空技术的高速发展为研制垂直起降飞机提供了可靠的基础，英国率先设计了一种有实用价值的垂直起降飞机，即"鹞"式攻击机。这种飞机的发动机设有4个喷口，分布在机身两侧而且可以转动。当喷口向下时，产生的推力可使飞机垂直上升；当喷口向后时，产生的推力可使飞机前进。飞行员只要调整喷口的方向和角度，便可改变飞机的飞行姿态。

　　由于实现了不需要滑跑就能起飞，因此垂直起降舰载机具有两个显著的优点：一是如果航空母舰受损，可大大增加飞机起飞和回收的可能性；二是垂直起降舰载机降落比普通飞机更加简单和安全，甚至在夜间和恶劣天气条件下也是如此。

由"鹞"式攻击机改进而来的 AV-8B"海鹞Ⅱ"垂直起降攻击机

不过，垂直起降舰载机同样有着难以克服的致命缺陷：一是动力喷口转向装置增加了飞机的额外重量；二是由于起飞阶段需要消耗大量的燃油，因此垂直起降舰载机通常挂载能力较弱，作战半径较小，从而制约了其综合作战能力的提升。

AV-8B"海鹞Ⅱ"垂直起降攻击机准备起飞

AV-8B"海鹞Ⅱ"垂直起降攻击机降落在"尼米兹"级航空母舰上

舰载机如何降落在航空母舰上

舰载机降落技术远比起飞复杂，其失事率也远高于陆基飞机。航空母舰飞行甲板若为300米，一般仅有100米可腾出用于降落（若为斜角跑道，则有200米，仅为陆基降落跑道的1/10），加上航空母舰本身纵摇、横摇、上下起伏的运动、舰上干扰气流（如通过甲板表面而至尾部向下沉再往上升的"公鸡尾"气流和自右舷舰桥形成的乱流）、风速限制（一般情况下，舰载机要降落必须有25节以上的相对风，为了让舰载机降落顺利，航空母舰需要适时调整其航速）与可见度等都增加了降落的难度，美国海军规定舰载机降落时，航空母舰纵摇不得超过2°，横摇不得超过7°，舰艉下沉不得超过1.5米。

舰载机降落有着严格的操作程序，正常降落过程为舰载机先以平行于航空母舰前进的相反方向的右舷飞行，再转弯进入顺风段，并放下拦阻钩与起落架，再沿着3.5°～4°下滑线进场，以尾钩钩住航空母舰上的拦阻索（若舰载机飞得太高会钩不住拦阻索，飞得太低又会撞到舰艉），以其吸收飞机动能。

　　舰载机降落过程中，通常会有以下 4 种情形：安全降落、复飞、逃逸、撞舰。这 4 种情形中，复飞指的是飞机未接触甲板而降落失败的情形，倘若反应时间和纵向加速度许可，仍可重新进入降落程序；逃逸指的是飞机已接触甲板，但降落失败的情形，通常是未能钩住拦阻索，这时飞行员必须让舰载机加速滑跑，倘若该机短程起降和引擎加速性能不足，就很容易避免失败。

即将降落的美国海军 F/A-18 "大黄蜂" 战斗 / 攻击机

法国海军 "阵风 M" 战斗机降落失败后逃逸

法国海军"阵风 M"战斗机降落在美国海军"企业"号航空母舰上

航空母舰上的舰载机如何停放

　　舰载机在航空母舰上的停放区域主要有两处：一是航空母舰最上层的飞行甲板；二是航空母舰甲板下面的机库。为了减少舰载机的占用空间，提高航空母舰甲板利用率，大多数舰载机的机翼都是可以折叠的，美国海军的 E-2C 预警机不仅能够折叠机翼，其背部的圆形雷达天线也能向下移动，以便降低高度安全移入机库内存放。

美国海军"里根"号航空母舰上的舰载机停放在飞行甲板上

一般情况下，现代大型航空母舰平时可以将一半左右的舰载机停放在飞行甲板的停机区，随时准备起飞。以美国海军"尼米兹"级航空母舰为例，其在舰桥前可停放 26 架舰载机，舰桥左前部可停放 12 架舰载机，斜角甲板左舷后突出部可停放 6 ～ 7 架舰载机。弹射起飞时和拦阻回收时舰载机停放的区域并不一样，但停放舰载机的总数都是 45 架左右，占舰载机飞行联队飞机总数的 40% ～ 50%。这个停放数量决定了航空母舰一次起飞和回收舰载机数量的上限，同时也决定了一个攻击波次最多能够出动的舰载机的数量。

飞行甲板上停满舰载机的美国海军"小鹰"级航空母舰

🔔 **小知识：**

为了在空间有限的飞行甲板上合理分配供 20 架舰载机使用的停放场地，法国海军"戴高乐"号航空母舰不得不将 2 部弹射器分别布置在舰艏和斜角甲板靠左舷处，被迫牺牲了航空母舰同时起飞和降落舰载机的某些性能。

大型航空母舰约有一半的舰载机停放在机库里，其中包括等待维修处理或暂时不执行任务的舰载机。而小型航空母舰则由于飞行甲板狭窄，大部分舰载机都必须停放在机库里。

美国海军"尼米兹"级航空母舰机库中停放的舰载机

>>>> 航空母舰如何对舰载机实施空中管制和引导

　　航空母舰是一个移动的机场，因此，必须对飞机进行空中管制，引导其飞行并辅助其降落在甲板上。目前，世界各国航空母舰上的空中管制基本上都是由雷达、助降镜和人工控制共同来完成的。各个国家的实际情况各不相同，因此用于空中管制的雷达也各不相同。即使是同一国家的航空母舰，其装备系统也并不是完全统一的。

美国海军"斯坦尼斯"号航空母舰的
勤务人员正在操作 AN/SPN-46 雷达

美国海军"里根"号航空母舰的
空中管制员正在工作

以美国"小鹰"号航空母舰（USS Kitty Hawk CV-63）为例，舰上负责空中管制引导的有 2 部 AN/SPN-46 雷达、1 部 AN/SPN- 43 雷达、1 部 AN/SPN-44 雷达，还有 1 部"塔康"战术空中导航系统。管制内容主要有以下几个方面。

美国海军"小鹰"号航空母舰的雷达集中安装在舰岛上方

第一，飞机作战引导。主要包括战斗机的全程引导和攻击机的概略引导，此外还有侦察机和加油机的引导等。概略引导只要将飞机引导到某个概略位置，再由机上观测器材去捕获目标；全程引导则要将飞机引导到接近敌机的位置，之后才把目标交给机载观测器材。在飞机的引导方式中，除用舰载雷达以外，还要用敌我识别器，它能进行识别应答和高度应答，还能获得飞机的方位和距离。

第二，空中交通管制。空中交通管制与空中管制是两个不同的概念，前者是对空中航道的管制。空中交通管制的范围一般是：距离 230 ～ 93 000 米，高度 0 ～ 9140 米，这个任务可由航空母舰上的中程对空 / 对海警戒雷达、着舰雷达和舰载直升机来完成。管制时由无线电发出告警，以确保舰载机起飞和着舰的安全。

第三，飞机归航引导。飞机完成作战、巡逻等任务以后就要归航，为此必须让飞行员知道航空母舰的位置，这项任务可由"塔康"战术空中导航系统来完成。这是一种信标系统，它的询问器装在飞机上，应答器装在航空母舰上，能向飞机提供方位信息和距离信息。当作战飞机从作战空域返回航空母舰时，由于空域相对狭小，舰载机集中较多，为了进行安全有序的空中飞行，先要接受来自 E-2 "鹰眼"舰载预警机的指示。作战飞机从 E-2 预警机得到的情报主要是其距离所属航空母舰的位置和周边空中交通的总体状况。当作战飞机进一步接近航空母舰，抵达至航空母舰 50 海里以内距离时，由舰上的航空母舰空中管制中心控制，利用 AN/SPN-46、AN/SPN-43 雷达进行指引。

第四，起飞着舰引导。由于起飞只需由交通管制系统保证在 5 海里范围内没有其他飞机飞行即可，所以主要是着舰引导。着舰引导由着舰雷达和舰面设备两部分完成，舰面设备有灯光设备和电视摄像机等。飞机入场最初由 AN/SPN-43 两坐标雷达负责引导，等到抵达离着舰点 1000 米左右处，再由 AN/SPN-46 精确进场控制雷达进行最后的进场控制。与此同时，飞行员要目视参照"菲涅耳"光学助降装置对飞机姿态进行修正。在飞机进入最后的进场阶段后，位于甲板上的着舰信号官通过语音通话或其他无线电通信等手段对飞行员发出航迹修正指令。

美国海军航空母舰搭载的 E-2 预警机

>>>> 一艘航空母舰需要多少人员

二战前，航空母舰基本是水面舰艇和滑翔式飞机的简单组合体，没有更多的辅助结构和功能需求，因而其人员组成基本上也就是水面舰艇各部门的工作人员加上少量飞行相关人员，一般只有几百人。二战中，美国、英国、日本等国建造了大量的航空母舰，但此时的航空母舰都是急于投入战场的，故在技术和设计思想上没有发生根本改变，只是在功能划分上更为具体细致一些。因此，二战中的航空母舰虽然排水量各有不同，但其人员数量却基本在 1000 人左右，很少有超过 2000 人的。

二战后，日本不能再研制航空母舰，英国也由于国力衰退而难以大规模发展航空母舰，苏联则因为战略思想的转变而导致航空母舰迟迟未能露面，只有美国在倾力发展航空母舰，因而二战后的航空母舰发展史几乎就是美国的航空母舰发展史。自此之后，美国的航空母舰基本就代表了世界航空母舰技术与战术应用的最前沿。

美国海军"尼米兹"级航空母舰的
舰员身穿水手服在甲板上列队

美国海军"尼米兹"级航空母舰的
勤务人员正在冲洗甲板

从 20 世纪 50 年代起，美国制造的航空母舰的满载排水量就已经达到 80 000 吨，加上二战后对航空母舰作战使用经验的梳理，各种平台设施的再调整，各部门任务上的再区分，其航空母舰的人员组成基本具备了现代航空母舰的编制特点，人员数量也接近现代航空母舰。如 20 世纪 50 年代服役的"福莱斯特"级航空母舰，其舰员已达 2900 人，加上航空人员 2279 人，总数已超过 5000 人。目前，美国海军现役的"尼米兹"级航空母舰的舰员编制人数为 3200 人，航空联队编制人数为 2480 人。

法国"戴高乐"号航空母舰是世界上除美国外唯一的一艘核动力航空母舰，其编制人数为 1950 人，包括舰员 1350 人，航空联队 600 人。另外，该舰还具备接收 800 人临时在舰上生活 30 天的能力。俄罗斯"库兹涅佐夫"号航空母舰有 1960 名舰员、626 名飞行人员和 40 名旗舰军官，总计 2626 人。

其他国家的小型航空母舰的编制人数相对较少，如意大利"加里波第"号航空母舰有 780 人（舰员 550 人，航空联队 230 人）、"加富尔"号航空母舰有 654 人（舰员 451 人，航空联队 203 人），印度"维拉特"号航空母舰有 1350 人，巴西"圣保罗"号航空母舰有 1338 人，泰国"查克里·纳吕贝特"号航空母舰有 455 人（舰员 309 人，航空联队 146 人）。

美国海军"尼米兹"级航空母舰的舰员正在进行手枪射击训练

>>> 航空母舰上众多勤务人员如何区分各自职务

航空母舰上配备有多种型号的舰载机、武器系统及其他配套设施，其对应的相关后勤保养维修等任务就需要人工来完成。由于工作量庞大，所以舰上勤务人员的数量也很多，如果采用统一的着装，显然不利于在繁忙又危险的甲板上高效作业。因此，一般拥有航空母舰的国家都采用不同颜色的工作服来区分勤务人员的职务，这样对安全管理十分有利，也方便组织飞机起降和日常工作时的人员调度，进而提高工作效率。

以美国航空母舰为例，其飞行甲板上的作业人员多达千余人，为了在舰载机起降过程中便于组织，他们主要以所穿的工作服和所戴的头盔颜色为区别标志，工作服和救生背心上还要标上各自的职衔和编号。

航空燃料员正在为舰载机加油

美国海军航空母舰勤务人员一览表

人　员	头盔颜色	工作服颜色	符号（胸/背）
飞机移动和轮挡员	蓝色	蓝色	人员编号
飞机移动和起飞操纵员	黄色	黄色	职衔、人员编号
拦阻装置操作员	绿色	绿色	A
航空燃料员	紫色	紫色	F
货物装卸员	白色	绿色	SUPPLY/POSTAL
飞机弹射官	绿色	黄色	职衔
弹射器操纵员	绿色	绿色	C
弹射器安全观察员	绿色	红色	职衔
飞机失事救护员	红色	红色	无识别符号
升降机操作员	白色	蓝色	E
爆炸物处理员	红色	红色	黑色（EOD）
支援设备故障排除员	绿色	绿色	GSE
直升机降落信号兵	红色	绿色	H
直升机飞行器材检查员	红色	褐色	H
解钩兵	绿色	绿色	A
飞机降落指挥官	无	白色	LOS
外场机械军士长	绿色	褐色	中队符号和Maint-COP
维修军士长	绿色	绿色	中队符号和Maint-COP
质量检查军士长	褐色	绿色	中队符号和QA
飞机检修军士长	绿色	绿色	黑白交替图案和中队符号
液氧员	白色	白色	LOX
维修人员	绿色	绿色	黑色条带和中队符号
医务人员	白色	白色	红十字
传令员	白色	蓝色	T
军械员	红色	红色	黑色条带和中队符号
摄影师	绿色	绿色	P
飞行器材检查员	褐色	褐色	中队符号
安全员	白色	白色	SAFETY
垂直补给协调员	白色	绿色	SUPPLY COORDINATOR
牵引车司机	蓝色	蓝色	无识别符号
转移军官	白色	白色	TRANSFER OFFICER

弹射器操纵员正将弹射杆固定在滑块中

军械员正在运送舰载机的弹药

飞机移动和起飞操纵员正在引导舰载机

>>>> 航空母舰勤务人员如何在嘈杂的甲板上传递信息

　　航空母舰在海上行驶过程中，甲板上起降飞机的引擎噪声巨大，可达135～140分贝，再加上海风的呼啸声，使飞行员和各勤务人员相互之间交流起来十分困难。在这种情况下，直观、明确和可靠性高的手势信号成了最佳的交流方式。

　　1922年，美国海军历史上的第一艘航空母舰"兰利"号开始服役。舰上一位名叫肯尼思·惠廷（Kenneth Whiting）的军官用照相机将每次飞机降落的过程拍摄下来，以评估飞机降落技术。在飞机不起飞的时候，他就在飞行甲板尾部角落观察飞机降落。而肯尼思·惠廷的姿势，飞行员在触底降落时仍然能够看清。于是，部分飞行员发现肯尼思·惠廷的身体语言很有帮助，并建议其他有经验的飞行员学习这些姿势，这就是舰载机起降中各种手势动作的雏形。

美国海军勤务人员使用手语指挥升降机运作

二战期间，舰载机起降时各种手势动作已经在各国广泛使用，并且随着航空母舰和舰载机的不断演进，逐渐形成了如今的一整套手势动作。一度在网络上爆红的"走你"手势，其实就是航空母舰勤务人员常用的一种手势。

在拥有航空母舰的国家中，美国是手势信号发展最成熟的国家。美国航空母舰勤务人员已经拥有一套较为成熟的手势信号规范，这套手势信号已为西方许多国家的海军所借鉴和沿用。美国航空母舰勤务人员使用的手势数量较多，其中向飞行员发出的一些手势信号，形式非常复杂，有时就像舞蹈一样难以顺利掌握。

美国海军舰载机飞行员通过手语与勤务人员交流

在美国航空母舰上的勤务人员中，飞机弹射官的任务最艰巨，责任最重大。他要负责监督完成舰载机起飞前的所有准备工作，之后与机组人员互致军人的祝福，还要在舰载机起飞前再次检察舰载机和弹射轨道，并且再次确认舰载机已准确进入弹射轨道中轴线，蒸汽弹射器的压力符合舰载机起飞重量，襟翼已经调整到了必须的角度，弹射轨道上没有障碍，蒸汽导流槽已升起。然后，飞机弹射官开始采取一种简短的、独特的姿势下达起飞命令：侧屈腿，食指和中指向舰载机起飞方向，其余手指握拳，脸背对起飞方向。

美国海军飞机弹射官在飞行甲板上执勤

下图中飞机弹射官的这个手势是美国航空母舰上最典型的特定手势，弹射器操纵员在接到这一手语指令后，会按下发射按钮，操纵舰载机弹射起飞。

美国海军飞机弹射官下达起飞命令

航空母舰如何确定对陆攻击阵位

所谓阵位是指舰艇使用武器攻击目标时所占领的位置。舰艇通过观察和战术机动抢占有利攻击阵位，是战胜敌人的重要条件。在帆船时代，谁占领了上风位置谁就有了主动权。以舰炮为主要武器的蒸汽舰时代，抢占有利的攻击阵位是水面舰艇战术机动的主要内容。

随着科技的发展，军用舰艇普遍装有自动化计算装置和自动跟踪瞄准系统，鱼雷、导弹都具有较远的射程和自动导向目标的能力，使用武器的要求是在远距离上先发制人，阵位诸要素的作用发生了变化，攻击距离成为关键要素，目标的方位或舷角变得不太重要。航空母舰进行对陆攻击作战时，通常需要在与被攻击目标区域一定距离内的作战海区选择某一阵位，即航空母舰对陆攻击阵位。

航空母舰在选择对陆攻击阵位时，需要重点考虑两方面的因素：一是进攻因素，要求被攻击目标位于航空母舰编队突击兵力的作战半径之内；二是防御因素，要求在这一距离上航空母舰受敌方威胁较小。因此，在确定航空母舰实施对陆攻击作战的攻击范围时，除重点考虑其突击武器装备本身的性能，还需同时考虑航空母舰自身的安全因素。

美国海军"里根"号航空母舰及其护航舰艇在印度洋中航行

以美国海军为例，航空母舰由母港或锚地出发后，与战斗群其余兵力会合编队完毕并航渡到综合作战海区，在实施对陆攻击作战前驶抵前沿的对陆攻击阵位。对陆攻击阵位随着作战对象以及海区的不同而有所变化，一般选择在距海岸185～275千米的阵位上，以便在对岸基目标实施攻击时使航空母舰在攻击点调整、舰载机飞行航线选择方面具有更多的灵活性。这样在提高了对陆攻击行动突然性和成功率的同时，又能够增加航空母舰阵位的瞬间不确定性，以保证航空母舰自身的安全。当敌方不具备对海作战能力时，美国航空母舰的攻击阵位离陆地的距离会更近，往往只有数十千米，这样不仅增加了舰载机的携弹量，而且使其能够进一步深入腹地并扩大攻击地域。

美国海军"卡尔·文森"号航空母舰及其护航舰艇在太平洋中航行

正因为如此精确计算航空母舰实施对陆攻击作战时的打击阵位，所以，自二战以来美国海军航空母舰几乎参与了美国介入或发动的所有主要军事冲突或局部战争，但至今尚未出现美国海军航空母舰被敌方岸基飞机击毁击伤的战例。

小知识:

1991年海湾战争期间，美国海军有6艘航空母舰参加了对伊作战，其作战阵位分别设在地中海、红海、北阿拉伯海、阿曼湾和波斯湾，对伊科战场形成环形之势，阵位距伊科战场近处为200千米，远处为1000千米，全部在航空母舰攻击机的作战半径之内。

美国海军 F/A-18"大黄蜂"战斗 / 攻击机深入内陆作战

航空母舰与潜艇在长期对抗中谁占上风

从二战开始，航空母舰和潜艇就在茫茫大洋中展开了生死对决。此后数十年，两个老对手在激烈的对抗中不断发展，现如今均已成为现代海军的核心装备。目前，航空母舰仍是海军实力的象征和维护海上霸权的头号利器，而潜艇在海军中的地位同样不容小觑，堪称衡量海军力量的"第二指标"。

现代潜艇不仅保持着传统的隐形能力（新材料技术的发展使潜艇的隐形技术得以不断完善），搭载武器的威力和攻击距离也比过去有很大进步。潜艇可携带射程为几百千米的反舰导弹，在距离航空母舰几百千米外的地方发动攻击。航空母舰却难以在这个距离上发动对潜艇的攻击，因为根本无法发现潜艇。即便航空母舰可以使用舰载反潜机大量投放声呐浮标，对敌方潜艇进行地毯式搜索，但在没有任何迹象或者潜艇没有任何攻击行动前，这种不计成本的做法是行不通的。根据北约解密档案，北约对俄罗斯潜艇的跟踪只有11%的发现概率和不到1%的攻击成功率。因此，航空母舰要完成对潜艇的发现、定位、攻击、消灭，实属不易。

此外，潜艇的航速及续航能力也大为提高。以俄罗斯"奥斯卡"级核潜艇为例，其水面航速为 16 节，水下航速可达 32 节，续航能力为 30 万海里。其可以占据敌方航空母舰航线的前方阵地，在导弹的最大射程内用多枚导弹攻击航空母舰。一般来说，击毁一艘大型航空母舰需要 2 ～ 7 枚反舰导弹，潜艇的导弹齐射数为 4 ～ 15 枚，而"奥斯卡"级核潜艇足足装备了 24 枚导弹，完全可以进行二次攻击。

俄罗斯海军"奥斯卡"级巡航导弹核潜艇

然而，潜艇也并非没有弱点。潜艇在水下状态对几百千米外的感知能力十分有限，这就意味着即使潜艇有能力攻击几百千米外的目标，在发现目标、确认目标、制导等方面还有很多难题，仍在潜艇部队中占多数的常规动力潜艇的作战能力也远不能与核潜艇相比。更何况航空母舰能有效地组织多层防御体系来拦截导弹等空中攻击武器，并有最好的反潜武器——攻击型核潜艇护身。攻击型核潜艇可以隐蔽在敌方核潜艇基地附近，一对一进行追踪。敌对双方的潜艇都在同一物理介质内作战，拥有在同一工作深度的声呐，这就决定了潜艇能比其他反潜兵器更好地执行反潜任务。

美国国防部曾经提出一份预测报告，认为潜艇与航空母舰的交换率为 3 ～ 5 ∶ 1。因此，在对航空母舰实施攻击时，必须使用不少于 3 个潜艇战术群（7 ～ 8 艘潜艇）方能达成预期作战目的——损失 2 个潜艇战术群（5 艘潜艇）后，另一战术群（2 ～ 3 艘潜艇）才能趁机突破航空母舰的直接警戒而占位攻击，并将航空母舰击成至少重伤。

总体来说，在现代海军装备的发展过程中，航空母舰和潜艇的卓越性能和作战表现基本确立了它们作为现代海军核心装备的地位。双方各有优势，也各有短板，没有一方能取得压倒性的优势。

美国海军新一代"弗吉尼亚"级攻击型核潜艇

美国海军新一代"福特"级核动力航空母舰

航空母舰战斗群如何利用声呐探测潜艇

在航空母舰战斗群中，水面舰艇、潜艇和反潜直升机均装有声呐探测设备。水面舰艇声呐按布设方式分为舰壳声呐和拖曳声呐。舰壳声呐是将换能器基阵安装在舰艇壳体上，航空母舰战斗群中的水面舰艇一般固定安装在前部球鼻艏内，球鼻艏基阵远离舰艇螺旋桨，受本舰干扰小，不影响舰艇的航速和其他机动性能。球鼻艏内空间大，基阵尺寸相应增大，可工作于低频、大功率条

美国海军水面舰艇装备的拖曳声呐

件下，且维修方便。拖曳声呐是将换能器基阵拖曳在舰尾的声呐。拖曳声呐能根据水文条件任意设定深度，从而有效避开温跃层和负梯度对声呐作用距离的影响。

一般来说，在良好的水文条件下，水面舰艇巡航时先启动舰壳声呐工作，而在恶劣水文条件下启动拖曳声呐工作，将其放至温跃层或负梯度以下，克服水文条件的障碍，实现对目标的探测。但拖曳声呐的下放深度多深为合适，这将取决于作业海区的水温分布情况，一般有两种确定方法：一种是利用声线轨迹仪测量作业海区的声速剖面，根据声线分布选择最佳深度；另一种是利用已知海区的水文资料，根据声速分布情况使拖曳声呐处于最佳深度。

🔔 小知识：

海洋环境的复杂多变使声呐在海洋中的传播规律在很大程度上依赖海水的声速分布或者水温分布情况。人类一般将海水中声速随深度的变化率称作声速梯度。当声速随海水深度而增加时称其为正声速梯度，此时声线向上弯曲；当声速随海水深度而减小时称其为负声速梯度，此时声线向下弯曲；当声速不随海水深度变化时称其为等温层，此时声线直射不弯曲。

潜艇与水面舰艇一样采用了拖曳声呐、被动艇壳声呐，反潜直升机和反潜巡逻机则装备了航空声呐。航空声呐分为吊放式声呐、声呐浮标系统。吊放式声呐装备于反潜直升机，在对潜搜索时一般采取跳跃式逐点搜索，载机飞临某一探测点，低空悬停，将换能器基阵吊放入水至最佳深度，以主动或被动方式进行全向搜索；对某一点搜索完毕后，便将基阵提离海面飞向另一个探测点搜索。

美国海军 SH-3"海王"直升机装备的 AN/AQS-13 吊放式声呐

声呐浮标系统是一次性使用的声探测装置（完成设定工作时间后自沉于海底），一般由反潜飞机空投使用。空投后的声呐浮标在海面漂浮工作，通过无线电与空中飞行的反潜机保持联系。被动式声呐浮标本身不发射探测信号，只收集周围海区的目标噪声，隐蔽性好；而主动式声呐浮标由反潜机遥控其发射机向水中发射声波进行主动探测，目标信号通过无线电传回反潜机。作战时，反潜飞机先将浮标组按一定的布局投放于搜索海区，然后在海区上空盘旋，接收和监听由浮标组发现的目标信息。

美国海军 SH-60"海鹰"直升机
携带的声呐浮标

航空母舰战斗群如何利用磁异探测仪探测潜艇

磁异探测仪是利用潜艇运动引起的地磁场异变的原理制成的搜索设备，由于磁异探测仪在检测潜艇磁场异常信号的同时，也可检测运载磁探测平台的磁场异常信号，这种磁干扰限制了磁异探测仪的灵活性，使其只能装在航空平台上使用。由于磁异探测仪的尺寸较大，因此一般安装在反潜飞机的尾部。总体来说，磁异探测仪具有对潜艇识别能力强、定位精度高、隐蔽性好、不容易干扰、价格便宜等优点，但也存在作用距离近、受水文气象条件影响大等缺点。

装备了磁异探测仪（机尾长杆）的美国海军 P-3"猎户座"海上巡逻机

美国海军 P-3"猎户座"海上巡逻机编队飞行

　　磁异探测仪的搜索宽度和信号时间与磁异探测仪的作用距离、被探测潜艇的磁场强度、下潜深度和飞机的飞行高度有关，而磁场强度随距离的变化呈立方关系衰减，只有当潜艇接近海面高度或飞机高度较低时，磁异探测仪才能发挥作用。目前，反潜飞机使用磁异探测仪来搜潜的飞行高度为 50 ～ 150 米，由于反潜飞机长时间低飞容易造成安全事故，所以美国海军发展了一种既能减少机体干扰，又能提高安全性的拖曳式磁异探测仪，其缆绳长达 150 米。

　　尽管采用了复杂的信号处理技术，但磁异探测仪对常规潜艇的作用距离仅有350 ～ 450 米，对核潜艇的作用距离也只有 600 ～ 900 米。由于磁异探测仪作用距离短，有效搜索宽度小，因此许多国家的海军只使用它作为鉴别器材，只有当反潜飞机发现目标距离较近时，才会使用磁异探测仪作进一步探测，以便较准确地测得潜艇位置以及运动要素。一般与潜艇保持 3 次接触，即可投放反潜鱼雷或深水炸弹进行攻击。不过，一些搜潜器材较差的国家，仍将磁异探测仪作为其主要探测手段。

美国海军 P-3 "猎户座" 海上巡逻机在 "洛杉矶" 级潜艇上空飞行

航空母舰战斗群如何攻击敌方潜艇

　　航空母舰战斗群中的任何反潜兵力发现敌方潜艇后，都要迅速上报战斗群指挥部，并根据实际情况对敌方潜艇实施攻击。如果攻击没有成功，就要引导编队中其他反潜兵力继续攻击。如果潜艇未被击毁，而是被战斗群反潜兵力驱赶至无法对航空母舰战斗群造成威胁的区域，此时可酌情停止攻潜行动，但要继续加强对敌方潜艇的搜索和监视，防止其再次接近能对航空母舰战斗群造成威胁的区域。

正在执行搜索任务的美国海军 S-3B "维京" 反潜机

　　当远程反潜巡逻机在其警戒范围内发现敌方潜艇后，根据情况可先行定位攻击，同时将情况向战斗群指挥部报告；或者与敌方潜艇保持接触，同时将情况报告战斗群指挥部。为避开对己方其他兵力产生干扰和误伤，反潜巡逻机还必须报告使用声呐浮标和反潜鱼雷的情况。航空母舰战斗群指挥部接到通报后，可根据实际情况派出其他反潜飞机前往支援。进行支援的反潜飞机到达发现潜艇的海域后，为了进行有效攻击，需要进一步与潜艇建立接触，进行识别、定位、攻击。

美国海军SH-60"海鹰"直升机在"卡尔·文森"号航空母舰附近执行搜索任务

当攻击型核潜艇发现敌方潜艇后，应在限定的海区内独立攻击敌方潜艇，并向战斗群指挥部报告攻击结果。只有在己方攻击型核潜艇驶离限定的海区后，才能组织反潜飞机进入该海区继续攻击敌方潜艇。

俄罗斯海军卡-27"蜗牛"直升机在执行搜索任务

　　位于近程防御区的反潜直升机发现敌方潜艇后，应立即对其展开攻击，并在后续引导水面舰艇继续对敌方潜艇实施搜索和攻击。此时，水面舰艇先在反潜直升机的引导下对潜搜索，当自身的探测设备与敌方潜艇建立接触后，靠自身探测设备获得的数据继续攻击敌方潜艇。

　　当水面舰艇主动声呐发现敌方潜艇后，应迅速对其发动攻击，直到潜艇被击沉或自身武器弹药消耗殆尽。如果敌方潜艇还未被击沉，水面舰艇应引导反潜直升机继续攻击敌方潜艇。

意大利海军舰艇发射"米拉斯"反潜导弹

▶▶▶ 航空母舰战斗群是否害怕"饱和攻击"

　　"饱和攻击"是苏联海军总司令谢尔盖·戈尔什科夫（Sergey Gorshkov）在美苏争霸时期，研究使用反舰导弹打击美国航空母舰战斗群时制定的一种战术，即利用水面舰艇、潜艇和作战飞机等携带反舰导弹，采用大密度、连续攻击的突防方式，在短时间内从空中、水面和水下，以不同方向、不同层次向同一个目标发射超出其抗打击能力的导弹，使敌方航空母舰编队的海上防空系统的反导弹抗击能力在短时间内处于无法应付的饱和状态，以达到提高反舰导弹突防概率和摧毁目标的目的。

美国海军"卡尔·文森"号航空母舰

　　为对抗苏联的"饱和攻击"战略，美国主要的应对措施是大力发展装备"宙斯盾"系统的航空母舰战斗群防空舰，即"提康德罗加"级巡洋舰和"阿利·伯克"级驱逐舰。作为"饱和攻击"作战方式的应对装备，"宙斯盾"军舰具有反应速度快、能同时对付多个目标和备弹量多的特点。"宙斯盾"军舰装备了 Mk 41 型垂直发射系统，发射"标准"防空导弹的速率可达 1 枚 / 秒，是常规方式发射速率的 5 ～ 10 倍。"宙斯盾"系统中的 AN/SPY-1 雷达搜索跟踪快，并具备多目标处理能力，可同时监视400 个、自动跟踪 100 ～ 150 个目标，并可同时引导防空导弹攻击 12 ～ 18 个来袭空中目标。"宙斯盾"军舰的备弹量大，"提康德罗加"级巡洋舰共携带各类"标准"防空导弹 122 枚，"阿利·伯克"级驱逐舰携带防空导弹 90 枚。因此，综合上述各项特点，虽然"宙斯盾"军舰抗击低空来袭目标的效果不太理想，但仍具备一定的抗"饱和攻击"能力。

美国海军"提康德罗加"级巡洋舰

美国海军"阿利·伯克"级驱逐舰

如果要对航空母舰战斗群实施"饱和攻击"，进攻方需要集中足够数量和不同类型的火力打击平台，包括空中飞机、水面舰艇和水下潜艇。这些火力打击平台可以从不同的高度和方向对航空母舰战斗群实施多方向、多批次的攻击行动。目前，反舰导弹射程有限，最远只能够达到 400 ~ 500 千米，与之相比，航空母舰舰载机的作战半径则要远得多。因此，反舰导弹发射平台在能够对航空母舰战斗群造成实质性威胁之前，可能会先遭受到航空母舰舰载机的攻击。

"提康德罗加"级巡洋舰发射"标准"防空导弹

另外，对航空母舰战斗群发起"饱和攻击"，需要进攻方集结数量庞大的海空突击兵力，并依赖其强大的指挥协调能力。世界上真正具备"饱和攻击"能力的国家屈指可数，即使能够实现"饱和攻击"，经过航空母舰战斗群舰载机的先期打击，以及"宙斯盾"军舰的多目标、多方向抗击和航空母舰战斗群内各目标的近程抗击，真正能够突破航空母舰战斗群防御圈，击中战斗群内目标，尤其是能够击中航空母舰自身的反舰导弹少之又少。

≫≫≫ 航空母舰战斗群如何划分防空区域

航空母舰战斗群的防空作战，历来强调实施先发制人的攻势防御，如派遣海军航空兵或发射巡航导弹突袭，将敌方航空兵以及各种导弹摧毁或压制于机场或基地。在组织攻势作战的同时，航空母舰战斗群也十分重视防御性防空作战。以美国航空母舰战斗群为例，其对空防御任务由舰载机和防空舰艇共同完成，以两类兵力为主构成大纵深、多层次、立体多维的环形对空防御体系。一般来说，航空母舰战斗群的对空防御体系通常可划分为以下几个防空区域。

第一，远程防空区。该区域可分为远程侦察警戒区和远程截击区。远程侦察警戒区内由舰载远程对空警戒雷达和预警机共同探测，以发现来袭的空中目标。舰载远程对空警戒雷达能够在较远的距离发现从中、高空来袭的空中目标，如美国海军"阿利·伯克"级驱逐舰的 AN/SPY-1D 相控阵雷达对中、高空目标的发现距离可达400 千米以上。不过，AN/SPY-1D 雷达对超低空来袭目标探测距离小于 50 千米。美国是第一个在航空母舰战斗群中使用预警机的国家，现役 E-2C"鹰眼"预警机的巡逻高度为 7.5 ～ 9 千米，对大型轰炸机的发现距离为 460 千米，对巡航导弹等小目标发现距离为 270 千米。如果加上 300 ～ 400 千米的前出距离，E-2C 预警机对来袭空中目标的探测纵深可达到 600 ～ 850 千米。因此，美国航空母舰战斗群远程侦察警戒区范围能覆盖距离航空母舰 400 ～ 850 千米的纵深区域。

美国海军 E-2C"鹰眼"预警机起飞执行巡逻任务

远程截击区是指预警机等发现来袭的空中目标后，及时引导舰载战斗机对来袭的飞机或导弹实施拦截作战的行动区域。舰载战斗机通常使用甲板待战出动截击和空中待战出动截击两种方式实施拦截作战行动，使用甲板待战出动截击时，兵力使用较为经济，但可截击距离相对较小；使用空中待战出动截击时能够提高反应速度，扩大截击范围，但兵力消耗相对较大。美国航空母舰战斗群的 F/A-18 战斗 / 攻击机使用甲板待战出动截击时远程截击纵深为 120 ～ 375 千米，使用空中待战出动截击时战斗机巡逻空域配置在距航空母舰 160 ～ 400 千米的位置上。

美国海军 F/A-18E "超级大黄蜂" 战斗 / 攻击机在高空飞行

第二，中程防空区。该区域主要由航空母舰战斗群内具备 "面防御" 能力的军舰承担防空任务，这些军舰会拦截、干扰突破远程防空区的敌方飞机和反舰导弹，并给近程防空区的各舰提供目标指示。以美国航空母舰战斗群为例，其中程防空区的防空任务主要由 "宙斯盾" 军舰负责。单航空母舰战斗群内通常由 2 ～ 4 艘 "宙斯盾" 军舰承担中程防空任务，"宙斯盾" 军舰以扇形或环形队列配置在航空母舰周围，并前出一定距离，在受敌方空中威胁较大的方向上形成连续的对空抗击区域。根据 "标准 II" 防空导弹射程 104 千米、"宙斯盾" 军舰前出 16 千米来计算，中程防空区的边缘距离航空母舰 120 千米。

第三，近程防空区。该区域是包括航空母舰自身在内的各型舰艇提供 "点防御" 的区域，它是航空母舰战斗群最后一个防空区域，其任务是对穿越前两层防空区域数量不多的空袭目标实施火力抗击或电子干扰。如果近程防空区内的防空行动失败，航空母舰战斗群将面临丧失战斗力甚至被消灭的命运。

美国海军"阿利·伯克"级驱逐舰编队航行

美国海军"尼米兹"级航空母舰的"密集阵"近程防御武器系统正在开火

近程防空区的防御武器主要是航空母舰战斗群内各兵力装备的近程导弹、火炮和电子战设备等。以美国航空母舰战斗群为例，在近程防空区内，首先，由普遍装备于航空母舰和各警戒舰艇的近程防空导弹实施对空抗击，其射程为 15 千米；其次，由航空母舰和各警戒舰艇均装备的多座"密集阵"近防系统实施自卫抗击，其射程为 3 千米，以弥补近程防空导弹的近限死区；最后，由各舰艇以发射箔条干扰弹等方式实施自卫式电子干扰，以最大限度地降低敌导弹的命中概率。从上述近程防空武器的射程来看，美国航空母舰战斗群近程防空区通常包括距离航空母舰战斗群外围警戒舰艇 15 千米以内的整个区域。

>>>> 信息化时代航空母舰的反舰作战有何特点

反舰作战主要是利用航空母舰战斗群各类建制武器，在保卫自身安全的同时，还可以消灭敌方的海上兵力，从而夺取制海权。自 21 世纪以来，信息技术的高速发展对航空母舰的作战方式产生了巨大影响，在反舰作战方面也表现出了一系列新的特点。

第一，要求综合运用各种信息装备，夺取战场信息优势，创造单向透明的战场环境。拥有信息优势的一方，可以通过分辨率很高的天基侦察系统居高临下地俯视整个战场，先进侦察卫星的分辨率极高，可分清坦克、吉普车、导弹运输车，在天气晴朗时甚至可分辨帐篷、车牌等目标。另外，拥有信息优势的一方还可以通过预警机和无人机等获取信息，清楚、及时地掌握敌方舰艇的运动状态和位置。相反，如果一方不具备完善的电子信息系统或者遭受敌方电子攻击，将处于信息劣势，战场上迷雾重重，无疑会丧失进攻的主动权，从而只能被动挨打。因此，综合运用各种信息装备，力求海战战场向己方单向透明，是航空母舰战斗群反舰作战要求达成的首要目标。

美国海军航空母舰搭载的 F/A-18
"大黄蜂"战斗 / 攻击机在高空飞行

美国海军"提康德罗加"级巡洋舰
发射"鱼叉"反舰导弹

第二，反舰作战将趋于非线式、远距离和大纵深。信息化条件下，新型舰载探测设备与航空、航天及水下探测设备一同构成大纵深、全方位、多层次、立体化的目标获取、识别、跟踪和定位系统，从而极大地增强了海战战场的透明度，使水面舰艇的暴露率和被探测概率明显增大。远程侦察、监视、导航和指挥控制系统可以确保巡航导弹等远程武器在敌方水面舰艇导弹射程外进行发射。隐身技术和夜视技术的发展使海战已不再区分白天与黑夜、海况的好与坏，海上的信息战、电子战已成为制胜的关键。

由于航空母舰战斗群舰载巡航导弹可以在几百千米以外的海域对敌方水面舰艇进行打击，因而舰艇战术动作在远程攻击模式中已经没有多大意义。发现目标就意味着摧毁目标。随着机动速度的增大和突击能力的增强，高性能作战飞机已成为打击水面舰艇的首选兵力。航空母舰战斗群高性能舰载飞机和反舰巡航导弹等远程兵器在局部战争中大量使用的战例表明，在敌方舰艇防空导弹射程外对其进行超视距攻击，将使航空母舰战斗群反舰作战呈现大纵深、远距离、攻防一体的机动作战方式。

美国海军航空母舰搭载的 EA-18G "咆哮者" 电子战飞机

第三，信息战、电子战已成为打击敌方水面舰艇的先锋和制胜关键。信息化条件下的海战，火力虽然仍是击沉舰艇的基本手段，但已不是唯一的手段。随着电子技术的发展，武器装备已实现了信息化、电子化，在电磁领域的斗争已由以往的通信、雷达等的电子对抗，进一步扩展到武器控制、目标跟踪、战场监视、作战指挥等所有领域，并渗透到海战战场的多维空间，影响和制约着一切作战行动，电子战已成为现代海战的重要组成部分。因此，仅注重火力打击已远远不够，在实施火力打击的同时实施电子战已成为普遍战法。电子战已不再是一种保障手段，其本身已成为直接削弱敌方作战能力，甚至是直接杀伤敌人的手段。电子战将成为一切作战行动的先导，并贯穿战役全过程，直接影响海战的进程和结局。

随着信息化程度的提高，现代海战已由电子战进一步拓展为信息战。双方除了在电磁空间进行激烈的争夺外，还要在整个信息空间进行较量，从信息的获取、传递、处理、利用等环节与敌方展开斗争。可以说，未来航空母舰战斗群反舰作战必将由以双方进行火力对抗为核心转变为以信息对抗为核心，电子战、信息战已成为航空母舰战斗群反舰作战的重要内容。

美国海军 EA-18G "咆哮者"电子战飞机在"尼米兹"级航空母舰上空飞行

复杂电磁环境对航空母舰战斗群有何影响

所谓复杂电磁环境，是指某一特定时空范围内存在的无线电波在频率、功率和时间上分布密集，且使用频繁，使电磁环境复杂化，这是特定时间或空间范围内高密度电磁能量的总和，会对特定时间或空间范围内无线电设备的正常使用造成影响或严重影响。通俗地说，复杂电磁环境就是在特定地域、特定时间，集中使用大量无线电设备所形成的电磁空间。

航空母舰战斗群在作战时，舰载机雷达、水面舰艇对海／对空搜索雷达、不同频率的无线电设备都处于工作状态，形成人为的电磁环境，这些人为的电磁环境和自然的电磁环境会构成一个复杂的电磁环境，进而影响到航空母舰战斗群作战，具体表现在以下几点。

第一，影响侦察发现目标。航空母舰战斗群获取敌方舰艇部署情况、航向和航速等情报信息主要是依靠各种电子信息侦察系统，如侦察卫星、预警飞机、舰载相控阵雷达、高空侦察机等，这些电子信息侦察系统主要是依赖电磁波来获取目标信息。而敌方会根据侦察设备的弱点，采用加强电子干扰、实施目标伪装、设置假目标、适时机动等有针对性的电子反侦察措施，增加己方航空母舰战斗群获取战场情报信息的难度。

美国发射"未来成像系统"卫星

英国海军"谢菲尔德"级驱逐舰的雷达天线

第二，影响作战指挥效率。航空母舰战斗群会运用各种通信方式，使分散在天空中的舰载机、海面上的舰艇和水下的潜艇实现无缝链接，形成一个有机的作战整体，从而发挥成倍的作战能力。舰载机、潜艇和水面舰艇之间主要是通过各种数据链传递数据、指令，一旦数据链受到电磁干扰，必将影响指挥员对各作战单元的指挥控制，此时指挥效率必将大大降低。

第三，影响武器打击效果。航空母舰战斗群在打击敌方舰艇时，主要使用反舰导弹和精确制导炸弹。反舰导弹由于射程远、速度快等特点，被称为"战舰杀手"，而精确制导武器以其极高的命中率和作战效能已成为现代战争作战的主战兵器之一。反舰导弹和精确制导武器的有效发挥，关键在于电子设备的可靠性，因而干扰、破坏电子设备的工作条件或直接摧毁、损伤各种敏感电子部件就能够使反舰导弹和精确制导武器的目标定位、通信、制导系统失灵或失误，使其"打不出、打不准"，命中精度受到严重影响。

韩国海军"忠武公李舜臣"级驱逐舰上层建筑顶部的雷达设备

▶▶▶ 航空母舰如何在茫茫大洋中实现精确定位

在茫茫大洋上航行的航空母舰主要通过卫星系统进行精确定位。目前，全世界的卫星定位系统主要有美国的 GPS 全球定位系统、俄罗斯的 GLONASS（格洛纳斯）卫星定位系统、欧盟的"伽利略"定位系统等。

美国海军"罗斯福"号航空母舰在大洋中航行

在各种卫星定位系统中，美国的 GPS 全球定位系统是技术最成熟、使用最广泛的一种，具有全球覆盖、全天候、快速性、连续性、精确性、抗干扰性和保密性等特点，能提供精确的三维导航和定时功能。该系统是美国航空母舰在作战中不可缺少的重要倚仗，其提供的实时定位导航和时间信息，能够提高各军兵种、各兵力的联合作战效能，使打击目标更加协调、高效、精确，也使指挥系统更加准确掌握战场情况，迅速作出反应。

在美国航空母舰战斗群中，其内部各兵力及大部分精确制导武器都安装有 GPS 全球定位系统。不过，一般兵力都采用复合定位导航的方式，如舰载机一般采用惯性导航系统和 GPS 全球定位系统相结合的方式进行复合定位导航，也可通过战术数据链实现网内兵力之间相对定位导航。多种定位导航方式可以实现优势互补，使舰载机的定位导航能力大幅增强。

随着武器射程的增大，为了减少武器在长距离上的飞行误差，大部分远射程武器都装备了 GPS 全球定位系统，如巡航导弹、反舰导弹、精确制导炸弹等，从而增强了武器攻击的精确度。有些武器也和舰载机一样实施了复合定位导航，如巡航导弹，一般将惯性导航、地形匹配、GPS 全球定位系统、图像匹配等多种导航方式综合运用。这样能提高远程导航的精确度，增强抗干扰能力，从而保证武器在复杂的电磁环境条件下仍然能够准确地命中目标。

俄罗斯的 GLONASS 卫星定位系统与 GPS 全球定位系统存在许多不同之处。一是卫星发射频率不同。GPS 的卫星信号采用码分多址体制，每颗卫星的信号频率和调制方式相同，不同卫星的信号靠不同的伪码区分。而 GLONASS 采用频分多址体制，卫星靠频率不同来区分，每组频率的随机伪码相同。由于卫星发射的载波频率不同，GLONASS 可以防止整个卫星导航系统同时被敌方干扰。二是坐标系不同。GPS 使用世界大地坐标系（WGS-84），而 GLONASS 使用苏联地心坐标系（PE-90）。三是时间标准不同。GPS 系统与世界协调时相关联，而 GLONASS 则与莫斯科标准时相关联。

美国 GPS 全球定位系统的卫星

俄罗斯 GLONASS 全球卫星导航系统的卫星

▷▷▷ 消耗惊人的航空母舰战斗群如何进行海上补给

　　航空母舰战斗群的活动范围极其广泛，可在全球大部分海域执行相关任务，而这种长时间、大范围的海上活动，对后勤保障的要求很高。一支航空母舰战斗群通常由数艘乃至数十艘舰艇组成，其燃油、弹药和弹射器等物资消耗量无疑十分巨大，通常每3～5天必须进行一次补给。在战时，航空母舰战斗群的补给时间会进一步缩短，具体时间取决于战斗剧烈程度以及消耗情况。

　　以美国海军为例，其海上补给已有近百年的历史，目前已建立了比较完善的海上补给管理机构，主要有海上供应系统司令部、军事海运司令部和海上补给部。海上供应系统司令部主要负责物资供应和补给，是物资供应和海上补给的管理机构之一。军事海运司令部拥有一支强大的海上支援船队，主要负责战略海运任务，为战略行动提供海上运输。海上补给部主要负责海上补给的协调工作，隶属于美国海军作战部，为海军作战部提供海上补给兵力调动。

NAVAL SUPPLY SYSTEMS COMMAND

美国海军海上供应系统司令部标志

美国海军军事海运司令部标志

　　美国海军采用阶梯式的补给模式。海上补给由海上供应系统司令部、军事海运司令部共同负责。通常做法是航空母舰战斗群在出海之前，通过海上供应系统司令部下达补给任务，军事海运司令部的舰船先在港内装满油，在航空母舰战斗群出发前为航空母舰战斗群和其他舰船进行补给。部分舰船由海军补给中心负责在舰船码头补给。航空母舰战斗群出海后，由海上供应系统司令部派出补给舰船伴随海上编队，采用伴随保障方式进行海上补给。当伴随保障的补给舰船携带的物资基本补给完后，由海上系统供应司令部和军事海运司令部共同派出支援穿梭船队为伴的补给舰船实施再补给。海上支援船队所需要的物资由军事海运司令部派出运输支援船队或在海外基地进行补充。通常在海上编队中专门设置一名海上补给专业军官，负责海上补给的组织工作，使海上补给工作更加系统、科学、安全，形成一个完整的海上保障体系。

　　在对航空母舰战斗群进行海上保障时，主要有海上伴随保障、应召保障、支援保障三种方式。其中，海上伴随保障又被称为一梯队保障，主要依靠建制的快速战斗支援舰、综合补给舰、油料淡水供应船、舰载直升机、舰载运输机进行。海上伴随保障是美国海军海上后勤保障系统的关键环节，在向作战海域开进途中，视航空母舰战斗群需要随时进行海上补给。

美国海军"瓜达卢普"号补给舰（中）为"林肯"号航空母舰战斗群补给物资

　　为了弥补伴随保障舰船的不足，美国海军一般还派出数艘综合后勤支援舰船对航空母舰战斗群进行二线穿梭应召补给，即二梯队保障。这类船只通常由各单项物资运输补给船、修理船、打捞救护船、拖船、医疗船等各单项补给船组成，能在战区海域附近对伴随作战编队的综合补给船进行再补给，对战损和故障舰船进行抢救与修理，对伤员进行收治医疗。

支援保障又被称为前进基地物资补充。这类补给舰通常由货船和其他商用船组成，主要任务是往来于美国本土和前进基地之间，为前进基地提供物资补充，使前进基地始终保持足够的物资支援能力。

美国海军"里根"号航空母舰和"弗林特"号补给舰

航空母舰如何通过横向补给方式补充油料

海上油料补给是延伸航空母舰作战半径、提升航空母舰作战能力的一种重要手段和方式。欧美国家的航空母舰在海上执行任务时，油料保障通常由伴随保障的综合补给船或承担二梯队保障的油船来负责。这些综合补给船或油船均装备有性能先进、补给效率高的油料补给装备，可以在较短时间内为航空母舰及其他舰艇提供充足的油料保障。在纵向、横向和垂直补给等方式中，航空母舰及其编队的油料补给主要采用横向补给方式。

美国海军航空母舰勤务人员正在连接输油管

以美国海军为例，其在 20 世纪 60 年代中期研制了油料快速横向补给装备，即 FAST 系统。该系统具有补给速度快、安全可靠、自动化程度高、海况适应性强等优点，每小时可以补给 400 ～ 700 吨油料，被广泛应用在快速战斗支援舰上。20 世纪 70 年代中期，美国海军又研制出液压式张力高架索、轻型盘卷软管和半自动加油探头，大大提高了航空母舰海上油料补给效率，缩短了补给时间。

美国海军"萨克拉门托"级快速战斗支援舰

　　航空母舰对油料需求量巨大，品种类型多，主要可分为航空燃油、舰用燃油两大类。美国海军现役的核动力航空母舰只携带航空燃油，其装载量为9000吨。舰载机每架次平均油耗为8～12吨，以1架次/日出动强度计算，一个航空联队每天耗油700～800吨，航空燃油自给力为10～12天。美国及北约海军规定，作战舰艇燃油储量不得低于满载油量的50%，进入作战区域前燃油储量不得低于90%。以作战储量须高于50%计，每5～6天必须进行一次航空燃油补给。如以70%计，则每3～4天须进行一次补给。在战区内进行的海上补给更为频繁，根据海湾战争的数据统计，航空母舰战斗群在以对地攻击为主的作战行动中，舰载机每架次平均飞行3～3.2小时，需实施送、迎两次空中加油，每架次油耗比实际标准高出50%以上。因此，美国海军核动力航空母舰在无补给条件下只能持续12天的作战行动。

　　在实际海上作战中，航空母舰战斗群通常需要快速战斗支援舰携带航空燃油，一般一支航空母舰战斗群配备一艘快速战斗支援舰。以"萨克拉门托"级快速战斗支援舰（Sacramento class fast combat support ship）为例，该级舰满载排水量为53 000吨，航速26节，可装载燃油21 000吨，其装载量是常规动力航空母舰舰用和航空燃油储备的1.33倍，这些燃油可使单航空母舰战斗群的作战潜力提高50%～100%。

"萨克拉门托"级快速战斗支援舰为航空母舰补给油料

　　航空母舰战斗群进行燃料补给时，补给舰先与航空母舰平行航行，在补给舰的另一侧还有一艘舰艇与补给舰平行航行，主要是为了平衡水流压力，防止两舰相撞。然后补给舰向航空母舰发射钢索（前边有挂钩，发射时像发射捕鲸枪），挂住航空母舰以后由航空母舰上的水兵拉到专用支架上。收紧钢索，用绞车把输油管送到航空母舰上，航空母舰水兵把输油管连接到航空母舰受油口中锁定。发出信号，补给舰开始泵油。泵油完成，水兵打开油管连接口，补给舰收回输油管。放松钢索，水兵放开钢索连接，补给舰通过绞车收回钢索。至此，航空母舰战斗群油料补给完毕。

"萨克拉门托"级快速战斗支援舰与"尼米兹"级航空母舰并排航行

打造一支航空母舰战斗群需要多少费用

　　二战时期是航空母舰发展的高峰时期，世界各国共有航空母舰约 700 艘。二战结束后，由于经济与科技等方面的原因，世界各国所拥有的航空母舰数量大幅减少。截至 2018 年 5 月，世界上只有 18 艘现役航空母舰，其中美国海军有 11 艘。即便加上正在建造的新一代航空母舰，总数也不超过 30 艘。为什么航空母舰的数量越来越少？很大程度上是因为航空母舰战斗群的花费太过高昂，远非一般国家所能承受。

　　作为老牌资本主义国家，英国是世界上最早建造航空母舰的国家，对航空母舰和航空母舰战斗群的发展起到了关键作用。至二战末期，英国航空母舰数量达到了26 艘的高峰数值。但是，二战后由于经济实力难以继续支撑数量庞大的航空母舰战斗群，英国通过出售、赠予、退役等方式大幅削减航空母舰数量。1986 年，英国将"竞技神"号航空母舰以 5000 万英镑的价格卖给了印度；2010 年，英国又将"无敌"

号航空母舰以 200 万英镑的价格卖给了土耳其一家拆船厂；2011 年，英国国防部通过官方网站打算以 350 万英镑的低价出售造价达 2 亿英镑的"皇家方舟"号航空母舰，同时被低价处理的还有"大刀"级护卫舰，其处理价格仅为 30 万英镑。英国如此低价售卖航空母舰及其护航舰艇的最直接原因是国防经费的捉襟见肘。由此可见，没有强大经济实力的支撑，英国这个昔日的航空母舰强国也难以维持一定数量的航空母舰战斗群。

与英国形成鲜明对照的是美国，早期美国的航空母舰发展落后于英国，直到二战期间美国才逐步超越英国，成为世界上拥有航空母舰数量最多的国家。战后美国更是一枝独秀，所拥有的航空母舰数量占全世界航空母舰总数的一半，而且全部是大型核动力航空母舰。毫无疑问，美国航空母舰战斗群实力强劲，背后的根本原因是美国强大的经济实力提供的有力支撑。

印度海军"维拉特"号航空母舰（原英国海军"竞技神"号）

　　构建航空母舰战斗群这样的海上强大作战力量综合体，既需要国家强大的经济实力支撑，又离不开国家发达的国防科技，二者缺一不可。不仅设计航空母舰需要高科技设备支持，制造航空母舰的材料和航空母舰的配套装备同样离不开高科技的支持。此外，航空母舰战斗群的舰载机、护航舰艇等莫不是高科技在军事装备方面的集中体现。

　　对航空母舰战斗群而言，每艘护航舰艇、每架舰载机都造价不菲，更不用说航空母舰自身了。例如，美国海军最后退役的常规动力航空母舰"小鹰"号，1961年建造的费用达2.65亿美元，同样的钱可以建造10艘"大比目鱼"级攻击型核潜艇。1975年服役的"尼米兹"号核动力航空母舰的建造费用为18.8亿美元，足以建造9艘"加利福尼亚"级核动力巡洋舰。美国海军现在建造的"福特"级航空母舰，预计单艘花费将超过110亿美元，可购买5艘"阿利·伯克"级驱逐舰的最新改进型。

美国海军"福特"级航空母舰正在海试

　　虽然航空母舰战斗群内的其他舰艇或舰载机在单价上远低于航空母舰，但它们的总建造费用同样惊人。目前，美国1支大型航空母舰战斗群通常会配备1艘核动力航空母舰、3艘驱逐舰、3艘护卫舰、2艘核潜艇和80架舰载机。1艘10万吨级核动力航空母舰造价为70亿美元左右，1艘"宙斯盾"驱逐舰造价为15亿美元左右，1艘大型护卫舰造价为8亿美元左右，1艘大型核潜艇造价为25亿美元左右，1架舰载机造价为5000万美元左右。粗略计算，美国海军1支大型航空母舰战斗群的总造价高达230亿美元。

英国海军"无敌"号航空母舰

Part 03

水面舰艇篇

　　除了被称为"海上霸主"的航空母舰之外，现代海军还装备了多种水面舰艇，包括巡洋舰、驱逐舰、护卫舰、两栖攻击舰、船坞登陆舰、坦克登陆舰、扫雷舰、导弹艇等。这些水面舰艇各司其职，在现代战争中发挥着重要作用。

>>>> 战列舰、巡洋舰、战列巡洋舰有何关联

战列舰（Battleship）是一种以大口径火炮攻击与厚重装甲防御为主的大吨位海军作战舰艇，能执行远洋作战任务。其自风帆时代诞生，于1860年开始变革，在1870～1890年曾一度断代，但是其间的实验探讨一直没有中断，后于1890年开始复兴。在二战结束前，战列舰曾经雄霸海洋世界，是近代海军舰队不可或缺的中坚力量。二战中后期，战列舰逐渐式微。二战后，战列舰的战略地位被航空母舰和战略导弹核潜艇所取代，不再是舰队中的主力。

美国海军"新泽西"号战列舰

巡洋舰（Cruiser）是一种火力强、用途广，主要在远洋活动的大型水面舰艇。巡洋舰装备有较强的进攻型和防御型武器，具有较高的航速和适航性，能在恶劣气候条件下长时间进行远洋作战。在战列舰作为舰队主力的时代，巡洋舰在火力上仅次于战列舰。它的主要任务是为战列舰和航空母舰护航，或者作为编队旗舰组成海上机动编队，攻击敌方水面舰艇、潜艇或岸上目标。随着时代的发展，巡洋舰渐渐走向衰落，二战后各国已基本不再建造巡洋舰。

美国海军"弗吉尼亚"级巡洋舰

　　战列巡洋舰（Battlecruiser）是在装甲巡洋舰的基础上演变而来的一种功能性很强的大型水面舰艇，兴起于 20 世纪初期。当时，英国广布全球的通过漫长海上航运线和商业网络相互联系的殖民利益，需要强大并且可以快速集结的海军舰队保护。英国海军需要一种强大火力与高机动力相结合的战舰，这种战舰不仅可以有效打击敌方的袭扰，而且能够快速部署应对突发性事件。于是英国海军以"理想型巡洋舰"的名义设计出了战列巡洋舰，它是一种把战列舰的强大火力和装甲巡洋舰的高机动力结合在一起的战舰。

　　战列巡洋舰最初的设计目的是为了在远洋中歼灭敌方海军的巡洋舰和驱逐舰，并在舰队决战时进行火力支援，而非用于和战列舰进行正面决战。英国和德国之所以在一战、二战中大量使用战列巡洋舰，主要是因为战列舰成本高、建造工期长，而战列巡洋舰的成本低、建造工期短，其火力和高航速足以在舰队远洋作战时进行火力支援以及对抗敌方巡洋舰队。尤其是德国，在战列舰数量严重不足的情况下，只能依靠重巡洋舰和战列巡洋舰组成的舰队进行破交战，其中以击沉英国"光荣"号航空母舰（HMS Glorious）的"沙恩霍斯特"号战列巡洋舰（Scharnhorst）最为著名。

战列舰与战列巡洋舰有一定区别，通常战列巡洋舰拥有可媲美战列舰的大口径舰炮，装甲比战列舰薄弱但航速更快。战列舰追求火力、装甲、航速的均衡，而战列巡洋舰兼有巡洋舰的高速和战列舰的火力，战列巡洋舰最重要的还是速度，其次是火力，而防护是其最后考虑的性能。

德国海军"沙恩霍斯特"号战列巡洋舰

▶▶▶ 被称为"武库舰"的"基洛夫"级巡洋舰有何过人之处

"基洛夫"级巡洋舰（Kirov class cruiser）是苏联于 20 世纪 70 年代建造的大型核动力巡洋舰，一共建造了 4 艘。该级舰是目前世界上吨位最大的巡洋舰，也是世界上唯一排水量超过 20 000 吨并使用核动力的现役巡洋舰。"基洛夫"级巡洋舰的满载排水量可达 28 000 吨，远远超过了一些国家装备的轻型航空母舰，舰上装备超过 400 枚导弹，因此有"武库舰"的称号。

"基洛夫"级巡洋舰是苏联海军与美国海军进行军备竞赛的产物，是苏联海军为实现从近海走向远洋、从防御走向进攻、依据美国海军争霸海洋的海军战略而制定的海军发展规划的组成部分之一，以用来弥补在与美国海军竞争中的实力不足。首舰"乌沙科夫海军上将"号于 1980 年 12 月服役，二号舰"拉扎耶夫海军上将"号于 1984 年服役，三号舰"纳希莫夫海军上将"号于 1988 年服役，四号舰"彼得大帝"号于 1996 年服役。目前，"彼得大帝"号和"纳希莫夫海军上将"号仍在俄罗斯海军服役，其余两舰已经退役。

俄罗斯海军"基洛夫"级巡洋舰在大洋中航行

作为俄罗斯海军除航空母舰以外最大的水面作战舰艇，"基洛夫"级巡洋舰可以说是武装到了牙齿，其武器配置十分均衡，且繁杂多样，可以承担防空、反舰、反潜等多种任务，而且装备的数百枚导弹更是坐实了"武库舰"的称号。该级舰的主要武器包括 20 座 P-700"花岗岩"反舰导弹发射装置、12 座八联装 S-300F"堡垒"防空导弹发射装置、2 座五联装 533 毫米鱼雷发射管、1 座双联装 RPK-3"风雪"反潜导弹发射装置、6 座"卡什坦"近程防御武器系统、1 座双联装 AK-130 舰炮、1 座十联装 RBU-12000 火箭深弹发射装置等。此外，还能搭载 3 架卡-27 或卡-25 舰载直升机。

其中，P-700"花岗岩"重型反舰导弹一直以航空母舰杀手的身份出现，除了配备在"基洛夫"级巡洋舰上，在"库兹涅佐夫"号航空母舰和"奥斯卡"级攻击型核潜艇上也有安装。该导弹 7 吨的自重和 2 马赫的末端速度堪称任何水面舰艇的噩梦。

俄罗斯海军"基洛夫"级巡洋舰侧前方视角

俄罗斯海军"基洛夫"级巡洋舰右舷视角

>>> 驱逐舰被称为"多面手"的原因是什么

　　驱逐舰（Destroyer）是19世纪90年代至今海军重要的舰种之一，现代驱逐舰装备有防空、反潜、对海等多种武器，既能在海军舰艇编队担任进攻性的突击任务，又能承担作战编队的防空、反潜护卫任务，还可在登陆、反登陆作战中担任支援兵力，承担巡逻、警戒、侦察、海上封锁和海上救援任务以及提供无人舰载机的起飞和降落场地。它是海军舰队中突击力较强的中型舰艇之一，广泛的作战职能使驱逐舰成为现代海军舰艇中用途最广的舰艇，也因此被称为"多面手"。

美国海军"阿利·伯克"级驱逐舰

　　事实上，驱逐舰最初只是海军舰队中的辅助力量。19世纪70年代，欧洲列强海军中出现了一种以鱼雷为主要武器、主要对敌方大型舰艇实施雷击作战的"鱼雷艇"。针对这种颇具威力的小型舰艇，英国于1893年建成了"哈沃克"号，该舰是一种被设计为"鱼雷艇驱逐舰"的军舰，设计航速为26节，装有1座76毫米火炮和3座47毫米火炮，能在海上轻松捕捉敌方鱼雷艇。此外，该舰还装有1座三联装450毫米鱼雷发射管，用于攻击敌方大型舰艇。除了英国海军外，德国海军也发展了类似的军舰，只不过英国海军称其为"驱逐舰"而德国海军称其为"大型鱼雷艇"。

随着更多的驱逐舰进入各国海军服役，驱逐舰开始安装较重型的火炮和更大口径的鱼雷发射管，并采用蒸汽轮机作为动力。到20世纪初，全部由驱逐舰组成的鱼雷战舰艇部队已经成为海军舰队的基干兵力，驱逐舰不仅肩负着打击敌方鱼雷舰艇的任务，同时还要在主力舰决战前对敌方舰队实施鱼 / 水雷攻击，以削弱敌方兵力。

俄罗斯海军"无畏 Ⅱ"级驱逐舰

在一战中，驱逐舰携带鱼雷和水雷，频繁进行舰队警戒与护航、布雷以及保护补给线的行动，一部分驱逐舰还装备扫雷工具作为扫雷舰艇使用，甚至被直接用来支援两栖登陆作战。1917年德国发动无限制潜艇战，面对潜艇对交通线的绞杀，协约国几乎所有的驱逐舰都安装了深水炸弹以执行反潜任务。随着战争的发展和任务的需要，这时期的驱逐舰就已经具备了多用途性，并逐渐向大型化方向发展，所装备的武器越变越强。至此，驱逐舰已由执行单一任务的小型舰艇演变成海军不可或缺的重要力量。

到了二战时期，没有任何一种海军战斗舰艇的用途比驱逐舰更加广泛。战争期间的严重损耗使驱逐舰被大批建造，如美国仅"弗莱彻"级驱逐舰就建造了175艘。在战争期间，战列舰的主力地位已经被航空母舰与潜艇所替代。由于飞机已经成为重要的海上突击力量，驱逐舰装备了大量中小口径高射炮担当舰队防空警戒和雷达哨舰的任务，并且出现了加强防空火力的驱逐舰。此外，针对潜艇的威胁，还出现了以反潜为主要任务的护航驱逐舰。至此，驱逐舰逐渐成为名副其实的"多面手"。

英国海军"勇敢"级驱逐舰

印度海军"加尔各答"级驱逐舰

巡洋舰、驱逐舰和护卫舰有何区别

历史上，巡洋舰、驱逐舰和护卫舰是三种完全不同的舰型。在这三种舰艇中，最先出现的是护卫舰（Frigate），其从 15 世纪开始便在地中海地区使用。最初的护卫舰是指吨位小，无法加入战列线进行舰队决战，但是具有高航速和良好操作性的小型舰艇，当时的护卫舰通常有 1 ～ 2 层火炮甲板。到 18 世纪，护卫舰开始用于护航和巡逻任务，并且被英国海军定义为"携带 28 门左右火炮，有一层连续火炮甲板的军用舰艇"，因此即便到了 19 世纪，新出现的铁甲舰在一段时间内也被称为"装甲护卫舰"（Armoured Frigate），因为它也是单层火炮甲板。

美国海军"提康德罗加"级巡洋舰

🔔 小知识：

战列线是一种舰队战斗阵型，指战舰首尾顺次相接且都在同一条直线上的阵型，其中，各战舰之间隔约为 180 米。在这种阵型之下，舰队中所有战舰的侧舷指向同一方向——纵队的正侧面，所有战舰的侧舷火炮恰在战线前方构筑起一道绵密无隙的火力网。

在护卫舰之后出现的是巡洋舰（Cruiser），早期的巡洋舰与护卫舰没有太大区别，同样负责辅助性的独立侦察、护航等任务。不过在 19 世纪，英国殖民地遍布世界，英国海军急需一种能快速前往殖民地的中型舰艇,此时巡洋舰才被赋予新的使命。19世纪的巡洋舰需要担负舰队侦察、殖民地维护等一系列任务,并会被编入舰队进行舰队决战,因此也出现了装甲巡洋舰、轻巡洋舰和重巡洋舰等更为详细的舰艇划分。而为了实现远海对于巡洋舰的猎杀,战列巡洋舰也在20世纪初应运而生。

　　驱逐舰是最后出现的舰种。19世纪中后期鱼雷出现,相应的鱼雷艇也应运而生。鱼雷艇对主力舰造成了巨大威胁,笨重的主力舰很难应对来自灵巧的鱼雷艇的偷袭。因此,一种航速快、操作性好、装备鱼雷和火炮的新型舰艇出现了,这种舰艇主要用于驱逐和消灭鱼雷艇,以掩护己方主力舰,所以被称为驱逐舰(Destroyer)。二战后,鱼雷被导弹武器所取代,而导弹的小型化让驱逐舰具有了更强大的作战能力,驱逐舰的名称也被更大型的舰艇继承,并一直延续到了今天。

美国海军"朱姆沃尔特"级驱逐舰

　　总体来说,护卫舰之前基本不会被编入主力舰队,主要承担二线军事任务。而巡洋舰和驱逐舰则在很长时间里都是主力舰队的成员。此外,由于航空兵的出现,水面作战发生了革命性的变化,在航空兵威胁环境条件下单独使用巡洋舰或驱逐舰在二战中已经被证明是不可取的。因此,巡洋舰和驱逐舰的核心任务都变成为航空母舰进行护航,并承担部分对陆地和海上目标打击的任务,巡洋舰与驱逐舰在任务上逐渐没有了实质性的差别,吨位上的差距也越来越小,美国海军"朱姆沃尔特"级驱逐舰的吨位甚至已经超过"提康德罗加"级巡洋舰。在巡洋舰走向衰落的大背景下,驱逐舰和护卫舰之间的差别同样越来越小,都在向大型化、通用化的方向发展。

美国海军"佩里"级护卫舰

>>>> 现代驱逐舰和护卫舰越造越大的原因是什么

通常情况下，舰艇的吨位是随着其搭载的武器设备演变而变化的，这在防空舰艇上体现得尤为明显。在二战前的火炮战舰时代，所谓的防空武器，主要是各类127毫米及以下的高平两用火炮以及相应的防空火控系统。由于这类火炮口径较小，对舰艇平台的选用并不挑剔，理论上排水量千吨以上的舰艇都能搭载。

美国海军"阿利·伯克"级驱逐舰

　　二战及战后初期，随着飞机性能提升，各种先进防空火控系统出现。当时的海军大国开始建造专业的防空舰艇。这些舰艇在保持高航速的前提下，大多以 4 ～ 6 座乃至更多大口径双联装高炮为主要火力，辅以大量中小口径高炮，并配备较为完备的对空搜索甚至火控雷达系统，从而成为舰队防空的核心。此时，防空驱逐舰的吨位在 2000 吨左右。

德国海军"萨克森"级护卫舰编队

　　冷战时期，舰对空导弹作为一款全新的防空武器异军突起，它的出现大幅延伸了防空作战距离，也促使防空导弹舰迅速成为舰队防空核心。理论上，以无后坐力火箭发动机推动的防空导弹，大大降低了舰艇平台的适装要求，但早期防空导弹一方面为了追求射程普遍体积巨大，另一方面由于当时电子元器件可靠性较低，不少防空导弹在发射前需要在专门的场所进行组装和检测，合格后才能送上发射架。因此，当时的"黄铜骑士"远程舰对空导弹的整套双联装发射架及其配套弹库、检测设备所占体积，甚至要大于一座巡洋舰的三联装主炮塔，再加上搜索雷达、照射雷达等附属设施的体积，这一时期的防空导弹舰所需要的吨位不仅没有减小，反而大大增加了。

　　由于早期远程舰对空导弹系统的技术难度高、体积大、成本高，且作战效率一般，因此，美国和苏联很快就终止了这类导弹的研发，而射程适中、技术难度相对较低,且适装性相对较好的中远程舰对空导弹得以继续研发,并取得一系列成果。这个时期,各国搭载中远程舰对空导弹的舰艇排水量在 6000 ～ 8000 吨。与此同时,为增加舰队中防空导弹舰的数量,美国和苏联还研制了数款中程舰对空导弹,可用于装备排水量较小的驱逐舰。

随着技术的演进,远程三坐标预警雷达、舰对空导弹等武器的体积都大幅缩小,类似美国"标准 I"舰对空导弹和 Mk 13 单臂导弹发射架的组合,由于性能优良且系统轻便,在 20 世纪八九十年代一度成为北约各国 4000 吨级区域防空舰的标准配置。

日本海上自卫队"爱宕"级驱逐舰

不过,冷战后期出现的"宙斯盾"作战系统,终止了这种防空舰越造越小的趋势。该系统的 AN/SPY-1 相控阵雷达是一个庞然大物,该雷达采用四面固定式阵面,每面重达 6 吨,而其后端处理设备同样有 6 吨的重量,沉重的雷达设备加上复杂的综合作战系统和对抗"饱和攻击"所需要的大量备弹以及相应增大的动力系统,使搭载"宙斯盾"系统的"阿利·伯克"级驱逐舰逼近了 10 000 吨的排水量。西班牙、韩国和日本等引进了"宙斯盾"系统的国家,也建造了类似的防空舰艇,吨位也都与"阿利·伯克"级驱逐舰相差不大。其他没有"宙斯盾"作战系统的海军强国,也纷纷研发了类似的作战系统,使得驱逐舰和护卫舰的吨位越来越大。

韩国海军"世宗大王"级驱逐舰

▶▶▶ "宙斯盾"作战系统有何强大之处

　　"宙斯盾"作战系统（AEGIS combat system）是美国海军现役最重要的整合式水面舰艇作战系统，其每套作战系统（不含导弹）的造价均超过 2 亿美元。1983 年至今，"宙斯盾"作战系统主要装备于美国"提康德罗加"级巡洋舰和"阿利·伯克"级驱逐舰，日本"金刚"级和"爱宕"级驱逐舰，韩国"世宗大王"级驱逐舰及西班牙"阿尔瓦罗·巴赞"级护卫舰。

装有"宙斯盾"作战系统的日本海上自卫队"金刚"级驱逐舰

  "宙斯盾"作战系统起源于20世纪60年代末，当时世界各国各类反舰导弹获得迅猛的发展。它们具有速度快、飞行高度低、雷达反射截面积小、被发现距离近、反应时间短等特点，可以对水面舰艇构成巨大的威胁。特别是苏联海军总司令戈尔什科夫元帅提出了专门对付航空母舰战斗群的"饱和攻击"战术后，美国人感到了严重的危机。

装有"宙斯盾"作战系统的日本海上自卫队"爱宕"级驱逐舰

  为了满足海军拥有抵御"饱和攻击"舰载防空系统的迫切需要，1967年美国国防部批准研发"先进水面导弹系统"（Advanced Surface Missile System，ASMS）。经过不断发展，该系统在1969年12月改名为"空中预警与地面整合系统"（Airborne Early-warning Ground Integrated System），英文缩写正好是希腊神话中的宙斯盾（Aegis），所以也被称为"宙斯盾"系统。在美国海军看来，"宙斯盾"作战系统就是可对从四面八方向舰艇同时袭击的敌方大量导弹组织有效防御反击的美国舰队的坚固盾牌。

  "宙斯盾"作战系统由五大核心子系统组成，即AN/SPY-1相控阵雷达系统、Mk 1指挥决策系统、Mk 1显示系统、Mk 1武器控制系统、Mk 1战备检测系统。此外，还有Mk 29作战训练系统、AN/SRS-1战斗测向系统等。"宙斯盾"作战系统代表了当今世界最先进的海军科技水平，它能够快速搜索和跟踪来袭目标，最远搜索距离可达400千米；能够对海、对空进行三维搜寻，并且可以同时检测、识别、判断和跟踪多达 400 个目标；可同时对 12 枚"标准"系列防空导弹进行中段制导；可向随行的其他舰艇提供目标指示数据；可为多枚导弹使用的半主动制导雷达提供引导；可对武器杀伤效果作出及时、精确的评估。

装有"宙斯盾"作战系统的韩国海军"世宗大王"级驱逐舰

装有"宙斯盾"作战系统的西班牙海军"阿尔瓦罗·巴赞"级护卫舰

"宙斯盾"军舰有何软肋需要 AN/SPQ-9B 雷达弥补

美国"提康德罗加"级巡洋舰和"阿利·伯克"级驱逐舰性能超群，在很大程度上得益于它们安装的"宙斯盾"作战系统，因此也被称为"宙斯盾"军舰。不过，在它们的现代化改进项目中，对名不见经传的 AN/SPQ-9B 雷达作为标准配置进行了加装，而且在新建的"圣安东尼奥"级船坞运输舰、"布什"号航空母舰、"马丁岛"号两栖攻击舰上，

AN/SPQ-9B 雷达天线

也都装备了 AN/SPQ-9B 雷达。这不禁让人好奇，AN/SPQ-9B 雷达究竟有何神通？

AN/SPQ-9B 雷达是一种多波形、窄波束、X 波段、脉冲多普勒雷达，主要有对空、对海和信标应答三种工作模式，另外还有反舰导弹探测模式、动目标显示等子工作模式，既能够作为单独的探测设备进行独立工作，也可以与舰艇自防卫系统、"宙斯盾"作战系统集成，成为作战系统的一部分。因此，AN/SPQ-9B 雷达能够支持对岸攻击、反舰战和防空战，并能够在严重海杂波和电子干扰情况下探测到掠海飞行、具有极小雷达反射截面积的反舰导弹。

美国海军"圣安东尼奥"级船坞登陆舰

　　尽管 AN/SPQ-9B 在名气上比不过"宙斯盾"系统的 AN/SPY-1 相控阵雷达，但它在结构上进行了全新设计，而且广泛应用了大量的先进技术，具有较大的发展潜力。AN/SPQ-9B 雷达采用了大量的先进技术，包括多普勒处理技术、数字副瓣对消技术、单次扫描探测与跟踪技术、机内测试技术等，其中最值得一提的是单次扫描探测与跟踪技术。由于 AN/SPQ-9B 天线能产生三个波束，如果主波束检测到空中目标，后两个波束则对该目标进行确认和跟踪，这样单次扫描即可实现跟踪，并能将获得的数据传送给火控系统。

美国海军"布什"号航空母舰

　　"提康德罗加"级巡洋舰和"阿利·伯克"级驱逐舰等军舰之所以加装 AN/SPQ-9B 雷达，主要是因为"宙斯盾"系统存在漏洞。虽然"宙斯盾"系统功能强大，但其在低空、超低空探测方面存在不足，这主要是因为 AN/SPY-1 雷达天线重量较大，不能安装到舰艇较高的地方。而雷达的探测距离和天线高度的平方根、目标高度的平方根呈线性关系，即天线高度越高或目标高度越高，雷达探测距离就越远。由于 AN/SPY-1 雷达安装高度有限，致使"宙斯盾"防空系统对于低空目标的探测距离也十分有限。此外，由于其配备的"标准"舰对空导弹重量较大，因此在拦截目标的时候，需要爬升到较高的高度来积累足够能量，以便保持较高的机动性能，因此也增加了其最小拦截距离。

鉴于 AN/SPQ-9B 雷达在探测掠海反舰导弹方面的强大威力，美国海军决定将其安装到"提康德罗加"级巡洋舰和"阿利·伯克"级驱逐舰上，以弥补 AN/SPY-1 相控阵雷达在低空探测方面的不足。除美国外，澳大利亚也计划将 AN/SPQ-9B 雷达安装到"霍巴特"级驱逐舰上，实现 AN/SPQ-9B 雷达和 AN/SPY-1 雷达的联合探测。

美国海军"马丁岛"号两栖攻击舰

▶▶▶ 为何全盾化是未来主力战舰发展的趋势

所谓"全盾化"，即海军主力战舰全部配备"宙斯盾"系统或者类似的作战系统。主力战舰配备相控阵雷达是目前的发展趋势。相控阵雷达的天线一般固定在上层建筑四周，因此不必像传统雷达那样作机械旋转，发射的波束由计算机控制，所以反应速度较快、探测距离较远，可 360° 随机扫描，同时探测、跟踪的目标数量可达几百个。

不过，主力战舰全部配备相控阵雷达只是一个理想状态。目前，只有美国等极少数国家的主力战舰实现"全盾化"。究其原因，主要有以下三点。

　　第一，研制相控阵雷达需要多领域的技术支持，并不是所有国家都有能力研发和生产，从国外购买又需要高昂的军费支撑。日本从美国购买的 AN/SPY-1D 雷达单价为 2 亿美元，而美国"福特"级航空母舰装备的双波段雷达单价高达 4 亿美元。即便是经济实力雄厚的美国，也无法大量装备。

配备"宙斯盾"系统的美国海军"阿利·伯克"级驱逐舰

　　第二，"宙斯盾"系统主要用于对空作战，但并不是所有战舰的主要任务都是防空，有些战舰的主要任务是反潜，所以要将有限的经费用于反潜装备。

美国海军最新一级驱逐舰"朱姆沃尔特"级也配备了"宙斯盾"系统

第三，随着现代战舰信息化、网络化程度逐渐提高，战舰在没有获取到目标信息的情况下依然可以发射舰对空导弹拦截来袭目标，例如美国海军的"协同作战能力"系统（CEC）和"海军一体化火控—防空"系统（NIFC-CA）已经具备这种能力。因此，主力战舰是否需要"全盾化"取决于各国的国情。

配备"宙斯盾"系统的美国海军"提康德罗加"级巡洋舰

>>> 专门用来辅助航空母舰的驱逐舰需要配置机库吗

在航空母舰战斗群中，航空母舰已经搭载了数量众多的舰载机，但是作为护航舰艇的驱逐舰仍旧设有机库，其原因主要有以下几点。

第一，航空母舰作为舰队核心，担负着繁忙的指挥和作战任务，特别是高强度作战或者连续长时间作战时，飞行甲板的起降作业十分频繁，甲板勤务人员的工作强度非常大，指挥通道和航线也异常紧张，此时再要求航空母舰起降直升机承担通勤、运输、中继、侦察、反潜、空降等任务，必然会严重影响其他作战任务的执行，不仅降低了效率，同时也会提高事故率。

第二，现代海战已经很少出现舰队正面决战的情形，海军舰艇多数时候执行的是要地守卫、远洋护航、显示存在、武力威慑等中低烈度的各种任务，故而要求具备完整作战能力的中小编队能够快速到达和快速处置，对重型火力的要求反而不高，所以航空母舰编队规模大幅缩水，驱逐舰也需要单独出海执行各种繁杂的任务。没有机库的驱逐舰往往无法满足直升机长期伴航的需求，或者只能停放 1 架直升机，很难满足战备需求，美国"阿利•伯克"级驱逐舰在机库设计上的反复无常就充分说明了其战争方式和理念的变更。"阿利•伯克"级驱逐舰的早期批次没有设计机库，只保留了 1 个直升机起降平台，而后期批次出于执行多种任务的考虑，又加上了机库。日本以"阿利•伯克"级驱逐舰为蓝本设计的"金刚"级驱逐舰同样没有设计机库，但是后来的"爱宕"级驱逐舰也加上了机库。

美国海军"阿利•伯克"级驱逐舰舰部的机库

　　第三，驱逐舰的机库可以有效提高直升机的勤务效率，保护飞机免受日照、大风、海浪和弹片的侵害。如果没有机库，直升机的保养维修，甚至遭遇风暴时系留都是问题，长期风吹日晒也容易出现故障，一旦直升机损坏，侦察、营救、人员输送等任务都无法执行，这对于护航来说是致命的。

　　综上所述，驱逐舰配置机库，不仅能够减轻航空母舰的起降压力，提升作战能力和效率，更能够使驱逐舰的多用途能力得到提升，优化装备使用效率，提高战略和战术上的灵活性。

HH-60H 直升机在"阿利·伯克"级驱逐舰附近飞行

MH-60S 直升机在"阿利·伯克"级驱逐舰上降落

▶▶▶ 驱逐舰搭载无人机有何作用

　　随着吨位的不断增长，驱逐舰的任务范围越来越广泛，各国的驱逐舰也都配置了直升机停机坪和机库，用于停放侦察与反潜用的直升机。但是近年来，一些海军强国都在发展舰载无人机。既然有了直升机来担任侦察与反潜任务，为什么驱逐舰上还要配备无人机？

美国海军 MQ-8"火力侦察兵"无人机

停放在甲板上的 MQ-8"火力侦察兵"无人机

其实，无人机虽然体积小、重量轻，却有着直升机所不具备的优点：第一，无人机系统配置较为完整，自成系统，不需要其他保障条件，操作使用十分方便；第二，无人机部署灵活机动，可以随驱逐舰出航执行任务，结合驱逐舰的远航能力，其海上作战范围广；第三，无人机系统可配置不同的任务设备完成战场侦察、监视、目标定位、侦察校射、电子对抗等多项任务，同时由于升空作战，其超微频段的工作性能有无可比拟的优势，可以方便地融入 C4ISR 系统，成为网络中心战的一个节点；第四，无人机系统结构简单、重量轻、成本与使用费用低、无人员生命危险，能够以优良的效费比完成任务。与直升机相比，无人机的目标较小，噪声也不大，所以不易被敌人察觉和击落。

MQ-8"火力侦察兵"无人机准备降落

高科技军事技术在舰载无人机上的广泛应用，使舰载无人机装备的有效载荷具备了更多的功能、更强的战斗力，能够执行多种作战任务。其主要的作战任务有以下几种。

第一，情报侦察和战场监视。舰载无人机可搭载电视摄像机、红外传感器、激光指示器、合成孔径雷达等多种传感器，能够对可能发生武装冲突、局部战争的海域进行长时间的实时侦察、监视。

第二，空中电子压制和干扰。舰载无人机可搭载有源干扰机，在战前或战争中担负电子压制和干扰的任务。

第三，用作舰外有源诱饵。装载有源诱饵的舰载无人机可以作为舰外有源诱饵系统，在可能交战的区域中预计要受到导弹攻击的紧急情况下会被发射出去，发射后按预先编制的程序飞行，利用舰载无人机承载的电子战有效载荷对来袭导弹实施干扰。

第四，用作反辐射攻击武器。在舰载无人机上搭载截获接收机、自动寻的器和战斗部，可作为对敌防空压制的有效兵器，不仅可攻击雷达，还可攻击干扰机、预警机及专用电子战飞机等辐射源。

第五，目标指示、攻击制导、战损评估和通信中继。舰载无人机可为驱逐舰的舰炮和导弹选定攻击目标、测定目标参数，协助舰载火控系统计算射击诸元，进行目标分析；可用激光目标指示器照射目标，对激光制导武器进行精确制导；攻击过后，可测定弹着校正参数，检查目标的毁伤程度。

MQ-8C 无人机在驱逐舰上进行测试

驱逐舰如何进行反潜作战

驱逐舰的续航力较强、耐波性较好，装备有大功率、高灵敏度的声呐和多种反潜武器，可搭载反潜直升机，能在较大海域范围内长时间实施对潜艇的搜索、跟踪和攻击。

在航空母舰战斗群中，驱逐舰及其他护航舰艇通常呈环形配置在航空母舰的周围，距离航空母舰约 10 海里，使用主动式声呐进行探测，并与航空母舰保持同向、同速航行；载有拖曳式线列阵声呐的驱逐舰，通常采用 8～15 节的搜索速度。当航空母舰战斗群的航速超过 15 节时，它将采取"蛙跳"策略搜索，即在某点停航搜索一段时间，没有发现可疑目标后，高速航行至另一点再次减速搜索。为了验证拖曳式线列阵声呐探测到某方位和区域的可疑噪声，可以使用主动声呐进行再搜索。当距离较远时，也可召唤附近反潜飞机或派出舰载反潜直升机对目标进行搜索定位。

进行反潜作战的法国海军"乔治·莱格"级驱逐舰

在发现敌方潜艇后，驱逐舰要迅速展开攻击。此时，驱逐舰通常会与反潜机协同作战。一般情况下，由先发现敌方潜艇的飞机或驱逐舰与目标保持接触，同时引导其他护航舰艇或飞机实施攻击。反潜飞机或直升机先发现敌方潜艇时，即投下浮标或标志弹，同时向驱逐舰通报敌方潜艇的位置和运动方向，引导驱逐舰驶向目标；驱逐舰在飞机引导下迅速接近目标，在与目标建立声呐接触后实施攻击；在驱逐舰实施攻击的过程中，反潜飞机或直升机通常会在目标上空继续进行监视。

驱逐舰先发现敌方潜艇而由反潜飞机或直升机先实施攻击时，驱逐舰将目标的位置和运动要素不断通报给反潜飞机或直升机，反潜飞机或直升机根据驱逐舰的通报对目标实施攻击；在攻击过程中，驱逐舰为保证对飞机的引导和本身的安全，必须位于敌方潜艇舷角 180°附近、距离大于飞机攻击危险半径的位置。使用反潜导弹进行攻击时，驱逐舰需要进入反潜导弹的有效攻击距离范围内。

进行反潜作战的俄罗斯海军"无畏Ⅰ"级驱逐舰

　　驱逐舰攻击敌方潜艇时使用的武器通常是反潜导弹、鱼雷和深水炸弹。其中，反潜导弹是一种导弹和鱼雷（或深水炸弹）相结合的反潜武器（或称火箭助飞鱼雷），其战斗部是声自导鱼雷或核深水炸弹。反潜导弹是一种技术密集、复杂的水中兵器，尤其是第二代反潜导弹采用了许多高新技术，其战术技术性能有了很大提高，成为当今最有效的远程反潜武器。

"无畏Ⅰ"级驱逐舰的 RBU-6000 反潜火箭发射装置

▶▶▶ "朱姆沃尔特"级驱逐舰充满未来感的船型有何优势

　　"朱姆沃尔特"级驱逐舰是美国海军的新一代主力水面舰艇，其舰体设计、电机动力、指管通情、网络通信、侦测导航、武器系统等设施，里里外外无一不是全新研发的顶尖科技结晶，这充分展现了美国强大的科技实力。该级舰的外形具有强烈的科幻感，与美国海军以往的驱逐舰截然不同。

美国海军"朱姆沃尔特"级驱逐舰（前）和"独立"级濒海战斗舰（后）

　　在舰体设计方面，最初"朱姆沃尔特"级驱逐舰考虑过的设计方案有四种：传统式、类似"海影"号隐身实验舰的双船体、英国研究的三船体以及穿浪单体内倾船型（Wave-piercing Tumblehome Monohull，WTM），最终美国海军选择了后者。WTM船型和传统式船型的主要差别在于传统式的船舷向前，船体角度由下而上向外倾斜，WTM则正好完全相反。WTM由于舱面由下而上向内倾斜，不仅航行阻力低于传统式，而且由于舱面倾斜，故雷达隐身能力较佳，而船体也不易因为摇晃而产生较大的雷达反射截面积。不过，这样的设计会使海浪较容易拍打WTM的船舷，因此恶劣天候条件下其甲板装备维护能力较差，另外可使用的甲板面积也会减小。

　　"朱姆沃尔特"级驱逐舰采用先进而全面的隐身设计，使其具备了潜艇般的隐身性——在海上作业时被发现的概率远低于10%。该级舰的舰面上只设有一个单一的全封闭式船楼结构，美国海军称其为"整合式复合材料船楼与孔径"（Integrated Composite Deckhouse and Assembly，IDHA），整个结构与上面的天线设计都由雷神公司负责。IDHA 是一个一体成型的模块化结构，采用重量轻、强度高、雷达反射性低且不会锈蚀的复合材料制造，整体造型由下往上向内收缩，以降低雷达反射截面积。

美国海军"朱姆沃尔特"级驱逐舰右舷视角

美国海军"朱姆沃尔特"级驱逐舰左舷视角

IDHA 不仅整合了舰桥、所有的电子装备天线，还容纳有主机烟囱的排烟道，尾部则设有直升机库。而为了验证 IDHA 的隐身效果，诺斯洛普·格鲁曼船舶系统公司与雷神公司还建造了一座缩小尺寸的 IDHA 模型，放在美国海军中的国湖实验场进行雷达反射截面积测试。

为了测试红外线信号，诺斯洛普·格鲁曼船舶系统公司还建造了主机排气口与其他热点部位的实体模型进行热信号测试，以验证"朱姆沃尔特"级驱逐舰预定采用的气冷、水冷等降温手段的性能。该级舰动力系统的废气先以海水以及空气冷却，再由整合式舰岛顶部的排气口排出，因此只能从上方才能观测到排烟口，从而减少了敌方的红外线观测方位。其他用来降低热信号的装备还有海水喷雾冷却，吸取海水冲刷船身的热点。

在静音设计方面，"朱姆沃尔特"级驱逐舰的动力系统装置于减振浮筏上，以降低被潜艇声呐发现的概率。由于 WTM 船体低阻力的穿浪特性，加上种种先进的降噪措施，该级舰能将水面航行时的噪声降至 110 分贝左右，相当于后期型的"洛杉矶"级攻击型核潜艇，彻底颠覆了过去水面舰艇永远比潜艇嘈杂、潜艇总是能在远距离先听到水面舰艇的定律。

"朱姆沃尔特"级驱逐舰经过马里兰州切萨皮克湾大桥

>>> "勇敢"级驱逐舰的球形雷达有何特别之处

　　与美国海军"阿利·伯克"级驱逐舰的四面相控阵雷达不同,英国海军现役"勇敢"级驱逐舰的雷达采用了显眼的球形设计,而且高高耸立在舰体中部顶端,这堪称该级舰外形上的最大特征。"阿利·伯克"级和"勇敢"级驱逐舰都是目前世界上综合作战能力较为先进的驱逐舰,却采用了两种风格迥异的雷达设计,后者的球形雷达与 AN/SPY-1 雷达相比到底有什么特别之处?

　　"勇敢"级驱逐舰使用英国宇航防务公司研发的"桑普森"(SAMPSON)有源相控阵雷达,采用了双面旋转阵列天线,内置于碳纤维复合球形抗风雨雷达罩内,每个阵面包括大约 2600 个辐射单元。相对于 AN/SPY-1 雷达的四面固定阵,"桑普森"雷达的旋转阵其实是一种妥协的产物。

美国海军"勇敢"级驱逐舰安装的"桑普森"雷达

美国海军"勇敢"级驱逐舰左舷视角

由于相控阵雷达的波束扫描范围有限，要保证舰上相控阵雷达能360°全方位探测无死角，则理论上至少需要在舰艇的不同方向上安装三面相控阵雷达天线才能保证全空域的覆盖。而如果要保证覆盖空域存在一定的重叠，以提高整体探测性能的冗余性，则至少需要在不同方向上安装四面固定的相控阵雷达天线，这也是"阿利·伯克"级驱逐舰采用四面固定阵的重要原因。但四面固定阵虽然是一种比较理想的安装方式，也可以保证"宙斯盾"军舰具备十分优秀的探测与防空性能，但一艘军舰上同时安装四面相控阵雷达天线则会造成整舰造价的居高不下，因为相控阵雷达系统的造价在整舰成本中所占比例很高。而旋转阵一般只配备了单面或双面(背靠背)相控阵雷达天线，可通过机械旋转实现对空域的360°全方位覆盖，从而可以在保证基本作战能力的前提下大幅降低成本。

英国海军"勇敢"级驱逐舰俯视图

旋转阵一般采用单面阵或双面阵，配备机械式旋转基座以保证全向覆盖，虽然避免了四面固定阵的高成本，在一定程度上降低了整舰造价，但代价是降低了目标数据更新速率，给舰艇的整体防空性能带来了一定的影响。与四面固定阵相比，旋转阵对目标的持续探测与跟踪能力较差，因此难以适应存在多威胁的作战环境。

"勇敢"级驱逐舰之所以配备"桑普森"雷达，在很大程度上是因为英国海军所面临的海上作战强度远不及美国海军。"勇敢"级驱逐舰采用旋转阵后，不但可以降低整体造价，而且双面阵的雷达天线重量也要比四面固定阵小得多，因此具备了安装至桅杆顶部的条件，从而使雷达可以居高临下地实现更远的低空视距，这也是选择双面旋转阵的另一个好处。

英国海军"勇敢"级驱逐舰侧后方视角

护卫舰如何进行防空作战

护卫舰是现代海军舰队中的重要防空兵力。装备远程防空导弹的护卫舰通常会承担舰队的区域防空任务，装备近程防空导弹的护卫舰只负责自身防御。根据不同的作战阶段，舰队通常派出 1 ～ 2 艘区域防空舰，前出一定距离，作为防空哨舰使用，其他防空舰将配置在舰队主力附近海域。当舰队规模较大时，担负防空哨舰任务的护卫舰可增加至 4 ～ 6 艘。

舰队在海上航行时，防空哨舰要前出配置，以形成一定的火力纵深，增加对来袭空中目标的抗击层次，提高防空作战效果。确定防空哨舰的前出距离，通常以舰载对空武器的射程为依据，舰对空导弹射程越远，防空哨舰前出就越远。以美国航空母舰战斗群为例，"标准 II"防空导弹射程为 74 千米，其射程增大型射程可达 104 千米，"标准 I"防空导弹射程为 40 千米，其射程增大型射程可达 60 千米。因此，装备"标准 II"射程增大型导弹的舰艇前出 100 ～ 150 海里，担负远程防空哨舰任务；装备"标准 II"或"标准 I"射程增大型导弹的舰艇前出 60 ～ 100 海里，担负中程防空哨舰任务；装备"标准 I"导弹的舰艇通常配置在内层掩护幕，距航空母舰 5 ～ 15 海里。当然，防空哨舰的配置位置比较灵活，指挥官可根据敌情威胁等因素随时对位置进行调整。

美国海军"佩里"级护卫舰

舰队进入综合作战区后，除了受到较大的空中威胁外，还会受到潜艇等兵力的威胁，因此，舰队为综合应对所有的威胁形式，防空哨舰前出的距离要求会适当缩短，例如只设 1 艘防空哨舰时，通常前出 60 ～ 80 海里；设 2 艘防空哨舰时，其中一艘要进一步缩减前出距离。特殊情况下，如需要对敌方进行威慑或演习任务需要时，防空哨舰前出的距离也可适当扩大。

西班牙"阿尔瓦罗·巴赞"级护卫舰

　　舰队的防空作战通常分为早期预警、跟踪识别、拦截交战和舰载机归航四个步骤，其中前三个步骤尤为关键。早期预警由预警机、防空哨舰以及舰队内其他装备对空搜索雷达的舰艇共同完成。一旦发现空中目标，应按识别标准进行跟踪识别，并向指挥官报告。

　　预警机和防空哨舰等发现空中来袭目标信息后，先要将信息传送给跟踪雷达系统，以便对目标进行跟踪识别。在对目标的跟踪过程中，目标的实时位置等信息被传送到舰队防空作战指挥系统，目标数据被录取，建立了目标的航迹，并综合多方面信息对目标威胁进行判断。根据发现目标的特性，可将发现目标划分为敌方目标、假定敌方目标、友方目标、假定友方目标和不明目标。一旦发现敌方目标或假定敌方目标，必须立即进行跟踪，对发现的不明目标要不断地进行跟踪识别，直至识别清楚为止。

荷兰海军"卡雷尔·多尔曼"级护卫舰

　　经过跟踪识别，一旦判明发现目标为敌方目标或假定敌方目标，舰队内的防空兵力可启动火控雷达对目标进行跟踪，并力求在尽可能远的距离上实施拦截交战。来袭目标为单个目标时，需要按目标速度进一步区分。对于低速目标，拦截兵力必须经过多个识别步骤或经目力识别为敌方时才可进行攻击；对于高速目标，通常利用敌我识别器进行识别，目标不回答即可进行攻击。

　　确定可对目标实施攻击后，指挥官发出舰载机拦截命令。在航空指挥系统的引导下，舰载机从航空母舰起飞或由待战空域转向，接近敌机实施格斗，将敌机击落，或者利用空对空导弹拦截来袭的反舰导弹。如果舰载机拦截后尚有少数来袭目标继续向航队接近，此时区域防空舰将发射中远程舰对空导弹进行拦截。如果拦截失败，则只能寄望于作为最后一道防线的近程防空导弹和近程防御武器系统。

印度海军"什瓦里克"级护卫舰参加军事演习

护卫舰和巡逻舰有何区别

在某些国家，护卫舰和巡逻舰是两个比较相似的舰种。它们不仅排水量较为接近，在作战性能方面也有一定的重合。不过从本质上来说，护卫舰和巡逻舰还存在着较大的区别。

巡逻舰在海军舰艇中是处于护卫舰以下一级的水面作战舰艇，也被称为轻型护卫舰，有时又被称为护卫艇、炮舰、炮艇。巡逻舰主要用于近海防御、日常巡逻和战斗支援，也可用于执行巡逻警戒、反潜反舰、扫雷防空、缉私救援、情报收集等多种任务，具体功能视具体装备设计情况而定。

国际上对巡逻舰的分类存在多种标准，最典型的一种分类标准认为，轻型护卫舰的排水量在1000～2500吨、航速在25节以上，一般是在近海水域作战，不具备远洋作战能力。现代巡逻舰装备有速射自动炮、导弹、深水炸弹、声呐、雷达、鱼雷、红外线探测等设施，船体体积和设计特点也类似于沿海巡逻艇，只是比后者速度高、火力强、续航力大。有些巡逻舰甚至具有搭载直升机的能力。

英国海军"河流"级巡逻舰

　　目前，美国海岸警卫队、日本海上保安厅、韩国海洋警察厅、俄罗斯边防军等具有远洋活动能力的海岸警备部队，都装备了大型巡逻舰，舰上配备了机炮与大口径舰炮（部分配备了直升机）。其中，俄罗斯边防军拥有的一部分巡逻舰是由俄罗斯海军的退役舰艇改造而成，并拆除了鱼雷、导弹等军规配置。

英国海军"公爵"级护卫舰

　　由于巡逻舰具有造价低、运行维护简单、舰员编制少、作战能力较强的优点，因而备受那些无力建造大中型水面舰艇的中小国家海军的青睐。

美国海岸警卫队"汉密尔顿"级巡逻舰

阿尔巴尼亚海军"伊利里亚"号巡逻舰

濒海战斗舰与传统护卫舰相比有何特别之处

濒海战斗舰（Littoral Combat Ship，LCS）是美国海军为取代"佩里"级护卫舰在 20 世纪 90 年代初期建造的 SC-21 水面战斗舰艇，是冷战后美国舰艇转型的一种体现，也是美国海军的军事战略由远洋走向近海的重要标志。

冷战结束后，美国面临的国际形势发生了重大变化，其主要对手的正规海、空军力都不强，难以在海上直接威胁美国作战舰队。为此，美国海军计划研发一种低成本的小型多功能水面作战舰艇，以满足 21 世纪初期日趋多元的濒海作战以及美国本土海岸线的防卫需求，其研发成果就是濒海战斗舰。

英国海军"自由"级濒海战斗舰俯视图

濒海战斗舰的设计理念，是可以根据不同作战角色重新配置的，包括反潜、扫雷、反舰、情报监视和侦察、国土防御、海上拦截、特种作战、后勤保障等，模组化设计使其能够替代目前的扫雷艇和攻击艇等多种舰艇。作为一种针对近海地区作战而设计的新型舰种，濒海战斗舰的体积比导弹驱逐舰更小，与国际上的巡防舰或护卫舰相仿，其主要任务是进行跨海近岸作战，为航空母舰编队充当急先锋，夺取近海控制权，完成传统大型水面舰艇不能完成的作战任务。

美国海军"独立"级濒海战斗舰左舷视角

濒海战斗舰分为两种构型,分别是洛克希德·马丁集团的"自由"级濒海战斗舰和通用动力集团的"独立"级濒海战斗舰,两种构型各有所长,总数在 30 艘左右。两种构型均采用吃水浅的设计,船体大幅采用铝合金等轻质材料构成,为实现高速化,两种构型都改用喷水推进器取代传统的螺旋桨推进器。由于喷水推进器可以改变向量,推进极为灵活,因此濒海战斗舰能够依靠自身迅速完成进出港作业,不需要借助拖船。尽管两种构型装备同样数量的喷水推进器,"独立"级还采用稳定性极佳的三体船,然而因为配置引擎动力不同,"自由"级的最高航速要比"独立"级略快 3 节。

美国海军"自由"级濒海战斗舰右舷侧前方视角

　　"自由"级和"独立"级濒海战斗舰的外形都采用了低可侦测性技术设计，以降低雷达侦搜对其造成的威胁。为了满足多种任务需求，两种构型都有完备的飞行甲板和机库，舰尾还设有小型的井围甲板，可供小艇或水上装备进出。

　　"自由"级和"独立"级濒海战斗舰的架构分为两种单元，但二者的核心系统都是基本单元，包括舰体载台、动力与航行操作系统以及其他必备的基础系统等。任务套件能根据不同任务需要组装、搭配不同的武器模块系统并实现"即插即用"。濒海战斗舰规划了多种任务套件，包括水雷作战、反潜、水面作战等。

美国海军"独立"级濒海战斗舰左舷侧后方视角

"独立"级濒海战斗舰采用的三体船设计方式有何优势

　　在美国海军的两种濒海战斗舰中，"独立"级采用了罕见的三体船设计方式，在外形上比采用单体船设计方式的"自由"级更加抢眼。

　　"独立"级濒海战斗舰由一个瘦长的中央主船体和两个狭长的侧体（长度约为主船体的一半）组合而成，它的中央主船体从舰艏水线部位往后，是由水线以上部分的深"V"形和水线以下部分尖削的半小线面糅合而成，从整船的1/3处开始，逐步融合过渡到普通的"V"形，水线面较小。这种船体不仅能减少波浪对舰艏的撞击，降低兴波阻力，而且可使舰艇的纵向稳定性和推进效率均得到很大提高。此外，中央主船体的前后两侧各有一对自动控制的减摇鳍，其作用是进一步改善主船体的垂向加速度，使船体在波浪中获得更高的纵向稳定性和耐波性，并且船体在不良海况条件下高速航行时的平稳性和适航性也大为改善。

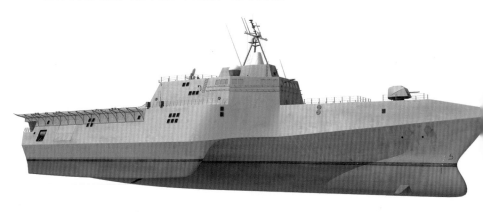

美国海军"独立"级濒海战斗舰 3D 模型图

美国海军"自由"级濒海战斗舰 3D 模型图

　　在恶劣海况条件下，传统设计的护卫舰 60 小时的航程约为 1000 海里，而"独立"级濒海战斗舰在 30 小时内就能达到 1400 海里，这在很大程度上改善了高性能舰艇续航力不足的问题。另外，由于"独立"级濒海战斗舰的动力系统是 4 台柴燃联合的喷水推进装置，从而使其推进效率得到了进一步提高。

　　"独立"级濒海战斗舰利用两个尖削的侧体来增加整船的储备浮力，很好地解决了大长宽比、小水线面船体的横摇问题。三体船型起主要支撑作用的是中央船体，主要设备都安装在船体内的中央位置，两个侧体不仅可以降低和改善横摇角，还能使舰艇获得宽大的甲板面积和上部舱室容积，在相同排水量的条件下，甲板面积要比单体船大 40%，为更合理地布置武器装备、携载舰载直升机提供了充裕的空间，同时也为屏蔽主船体上的物理特征以提高舰艇的隐形能力提供了帮助。而两个侧体所提供的舱室空间，主要是作为压载水舱来调节整船的恒定吃水，甚至还可以用来储备燃料和淡水以提高自持力。

高速航行的美国海军"独立"级濒海战斗舰

　　"独立"级主机的废气能够被引到三个船体之间抽出，所以能明显降低舰上的红外辐射信号。其主船体两侧有一部分被侧体所遮挡，这样在遭受掠海导弹袭击时，这些设施能为主船体提供一定程度的保护。此外，箱形结构可使关键性的作战部位布置在不易受损的区域，从而大大提高了舰艇的生存能力。

美国海军"独立"级濒海战斗舰舰艉部的飞行甲板

现代水面舰船为何很少设置舷窗

早在"郑和下西洋"和"欧洲大航海"时代,军用舰船就已经有了舷窗。由于多层甲板造船技术的出现,军用舰船的体积增大了许多,人员和远航需要的物品更是成倍增加,舰员住舱、武器库、食物淡水储藏室等都要安置在船体内的甲板层。当时还没有电灯,而木质船上又严禁烟火,所以军用舰船内部光线昏暗,空气流通性较差。出于通风和采光的需要,人们只能在舷侧设置舷窗。

美国海军"阿利·伯克"级驱逐舰没有设置舷窗

　　虽然舷窗解决了通风和采光问题，但它也有不少缺点。首先，过多的舷窗必然影响船体结构强度，不利于提高防护力。其次，干舷甲板下的舷窗离海面近，遭遇大风大浪时，海浪有可能破窗涌入。1545年，英国"玛丽罗斯"号风帆战舰就因为在索伦特战役中转向遭遇横风，导致海水从下层舷窗涌入而倾覆。

德国海军"布伦瑞克"级护卫舰没有设置舷窗

　　现代军用舰船已经很难看到舷窗设计，除了一些特殊功能的军用舰船保留了舷窗外，巡洋舰、驱逐舰、护卫舰等主战舰船基本都取消了舷窗，其原因主要有以下三点。

　　首先，新一代主战舰船几乎都采用了不同程度的隐身设计，对于雷达探测信号而言，舷窗实际上就是平整表面的一个开口，它破坏了舰体表面的平整性，会产生明显的回波特征信号，从而显著增加反射特征和被雷达探测发现的概率。因此出于隐身考虑，现代水面舰船都尽可能减少舷侧包括舷窗在内的开口，使开口数量尽量少，在必须开口的位置，也要设置可开闭式的舷墙或盖板，在使用时将舷墙或盖板打开，平时则将舷墙和盖板关闭，以免这些开口增大全舰的雷达反射截面积。

　　其次，从人机工效和舰艇环境方面来说，舷窗的主要功能是通风、采光，而现在这些功能可以完全被全舰综合环境控制系统（包括空调等装置）和先进照明系统所取代。即便没有舷窗，舰内环境也比以前更舒适，全舰照明更充足，而且恒温、恒湿，从而保证舰员舒适工作和生活。

　　最后，可以通过减少船体结构开口大幅减少舷窗，从而提高船体结构强度，在一定程度上增强军用舰船抗损伤、抗冲击能力，增强其密闭性。

英国海军"勇敢"级驱逐舰没有设置舷窗

美国海军"宪法"号风帆护卫舰（18世纪建造）设有大量舷窗

两栖攻击舰的舰岛比航空母舰的舰岛更大的原因是什么

　　两栖攻击舰是一种用来在敌方沿海地区进行两栖作战时，在战线后方提供空中与水面支援的军舰，可以供舰载机起飞和降落。两栖攻击舰是现代海军舰艇中体积与排水量仅次于大型航空母舰的舰种，两者在外形上有一定相似之处，但两栖攻击舰的内部设计异于航空母舰，有很多空间可用于运载登陆力量。

美国海军"黄蜂"级两栖攻击舰（上）和"中途岛"级航空母舰（下）

　　两栖攻击舰和航空母舰都设有舰岛，而且都位于右舷。有意思的是，吨位相对较小的两栖攻击舰，其舰岛却往往比航空母舰的舰岛还要大。之所以如此设计，在很大程度上是因为两者舰岛的功能不同。从理论上来说，航空母舰所具有的功能应该比两栖攻击舰更多，可从实际任务来区分，两栖攻击舰实际搭载的是一个两栖作战的指挥中心，而航空母舰所搭载的则只是一个航空指挥中心。所以，从电子信号收发角度来看，当然就是舰岛越大越好，天线越多越好。虽然从电磁兼容的角度来看，天线不应过于密集，但是两栖攻击舰的空间有限，因此只能在保证功能完善的前提下尽量扩大舰岛的体积。

美国海军"美利坚"级两栖攻击舰

　　航空母舰吨位更大，也就意味着其体积更大，容纳的空间更大。而相对于只进行空战和海战的航空母舰战斗群来说，两栖攻击舰担负的两栖登陆作战任务是所有作战方式中最复杂的一种，因为需要时刻与前线部队、后方火力支援、投送载具之间保持通信联络。因此，两栖攻击舰的舰岛大一些也是可以理解的。

英国海军"海洋"号两栖攻击舰

　　从舰体设计的角度来考虑，航空母舰的舰岛相对较小，是因为其充分利用了甲板下层空间。例如，可以将飞行员的准备室和航空指挥中心都放到甲板下面。毕竟，航空母舰不需要容纳两栖登陆战车，同时也不需要容纳相应的海军陆战队士兵。而两栖攻击舰的甲板下面一般都要存放各类登陆装备，因此相应的舱室只能向舰岛堆叠。

　　此外，两栖攻击舰不需要时刻保持高航速，所以舰岛设计以实用为主，而不是像航空母舰那样必须考虑高速航行时的风阻和舰载机起降时的遮挡问题。总而言之，军用舰艇的建造是一个系统化的工程，必须经过全面考虑以及综合取舍后才能造出合适的舰艇。

韩国海军"独岛"级两栖攻击舰

坦克登陆舰和船坞登陆舰有何区别

　　坦克登陆舰是用于运载坦克、车辆等重型武器装备及登陆兵力到岸滩直接登陆的登陆作战舰艇。按排水量、运载能力与续航力大小，可分为大型坦克登陆舰和中型坦克登陆舰。大型坦克登陆舰的满载排水量为 2000～10 000 吨，能装载 10～20 辆坦克和数百名登陆士兵，装备有舰炮和远程防御系统，常用于自卫、防空和登陆火力支援，其续航力在 3000 海里以上，是实施远程由岸到岸登陆作战的重要舰种之一：中型坦克登陆舰的满载排水量为 600 ～ 1000 余吨，能装载数辆坦克或 200 名登陆士兵，续航力在 1000 海里以上，可抵近海滩或在浅水区航行，适用于近程由岸到岸登陆，还可用于近海水域布雷。

美国海军"新港"级坦克登陆舰

俄罗斯海军"蟾蜍"级坦克登陆舰参加登陆训练

坦克登陆舰多采用柴油机动力装置，航速为 12 ～ 20 节。船型一般具有吃水浅、船艏肥钝、船底平坦、船宽较大等特点。船体的主要部分为装载舱，长度一般为舰长的 60% 以上，多为纵通式。装载舱内有斜坡板或升降平台、牵引绞车、通风系统和灭火系统等设施。舰艏有登滩卸载用的艏门和吊桥，舰艉设有协助退滩和保持船位的尾锚装置，还有压载水系统，以便在航行及登陆、退滩时调节艏艉吃水。

船坞登陆舰是可以承载两栖登陆船、两栖坦克和气垫船的登陆作战舰艇。其船舱为半吃水状态，这样方便两栖登陆船、两栖坦克和气垫船的进出，就像船坞一样。其作战方式主要以承载为主，将参与两栖攻击的两栖登陆船、两栖坦克或气垫船送至距离海岸线的最佳距离，由于船坞登陆舰一般都比较大，满载排水量在 10 000 吨以上，因此可作为海上两栖攻击临时基地，为滩头补充弹药和给养。船坞登陆舰的武器一般以防空武器为主，必要时也可以对滩头进行射击。

美国海军"圣安东尼奥"级船坞登陆舰

顾名思义，船坞登陆舰的优势主要体现在坞舱中。它可以承载气垫艇和登陆艇，运载不能够进行两栖泛水登陆的作战装备。此外，船坞登陆舰还可以使用大型舰载直升机，把作战部队远距离垂直投送过去。总而言之，船坞登陆舰的投送速度很快，可以携带大量兵力在远洋掌握战斗发起的主动权。因此，船坞登陆舰所带来的"立体登陆"作战方式已成为现代军队两栖作战的主要形式。而传统的坦克登陆舰，航速相对较慢，只有在抵达滩头后才能把装备卸下来，这样就会导致整个作战编队都处于敌方火力的打击范围之内，丝毫达不到任务的突然性。

英国海军"海神之子"级船坞登陆舰

隐身导弹艇能否对航空母舰造成威胁

导弹艇是海军以反舰导弹为主要武器的小型高速战斗舰艇，根据满载排水量，可分为大型导弹艇、中型导弹艇和小型导弹艇。即便是大型导弹艇，满载排水量也只有 200 ～ 600 吨，与满载排水量动辄数万吨甚至 10 万吨的航空母舰相比，可以说是毫不起眼。如此看来，航空母舰不可能会害怕导弹艇的攻击。然而事实却并非如此，导弹艇虽然个头很小，战斗作用却不小，堪称"海洋轻骑兵"。

航空母舰虽然具有强大的综合作战能力，但并不是随时随地都能很好地发挥出来。航空母舰的作战能力会随环境因素的变化而变化，当航空母舰在地理水文环境复杂、岛礁众多的近岸海域活动时，自身的机动能力会大幅下降，且容易遭到快速小舰艇的攻击。这些快速小舰艇具有高航速、体积小、隐身能力强、攻击威力大的特点，一旦它们大量出动并分散攻击航空母舰，后者将难以取得理想的作战效能。

挪威海军"盾牌"级导弹艇在北极地区航行

　　在快速小舰艇中，对航空母舰威胁最大的就是隐身导弹艇。隐身导弹艇的作战区域主要在近海的岛屿、航道和作业区，这些区域复杂的噪声环境可以为其提供良好的隐蔽条件。只要航空母舰靠近这些区域，隐身导弹艇就可以从隐蔽地点伺机发动攻击，其先进的反舰导弹能让航空母舰防不胜防。同时，另一支作战分队可以迂回到航空母舰的侧后方，攻击其补给船。这样前后夹击，至少能使航空母舰丧失继续作战的能力。小巧的隐身导弹艇之所以能对庞大的航空母舰造成威胁，主要是因为它具有以下突出特点。

　　第一，隐身导弹艇具备很高的航速，最高航速可达到50节以上，并可保持较长时间，有利于实施快速接敌、快速攻击及高速撤离。凭借高航速，隐身导弹艇可在航渡中快速及时地赶赴作战海域，而在作战时又可快速接敌，占据有利的攻击阵位，缩短敌方的反应时间，对敌实施较为突然的导弹攻击。战斗结束后，可凭借高航速快速脱离战场，摆脱敌舰的反击，具有较高的战场生存力。

　　第二，隐身导弹艇的外形尺寸及吨位小，吃水也较浅，自身雷达反射面积不大，在采用一些隐身措施后，其隐身能力可以达到很高的水平。隐身导弹艇的上层建筑往往采用低矮平滑、重心较低的设计，上层建筑两侧外壁向内倾斜一定角度，这样可以有效地降低雷达的反射面积。舰桥及桅杆往往由多边形平面构成，艇上的导弹发射装置也会采取隐身措施，与艇身完美地融为一体。如果海况恶劣、气象条件复杂，加上隐身导弹艇使用电子干扰设备，其被发现距离将不会超过15千米，这对提高攻击的突然性及生存力是极为重要的。

芬兰海军"哈米纳"级导弹艇在浅水区域航行

第三，一般情况下，隐身导弹艇可携带 6 ～ 8 枚反舰导弹，这几乎相当于一艘护卫舰装备的导弹数量。所以，隐身导弹艇完全具备与大中型水面舰艇抗衡的实力，单艇一次 8 枚导弹的连续攻击完全可以摧毁由 1 ～ 2 艘现代化驱护舰组成的小规模舰艇编队。

以色列海军装备的"萨尔 4.5"级导弹艇

高速航行的德国海军"猎豹"级导弹艇

气垫船如何实现高速航行

纵观历史上海军使用的军舰，从航空母舰和巡洋舰等大型舰艇，到驱逐舰和护卫舰等中型舰艇，全部都是排水型舰艇。这些舰艇虽然拥有强大的攻击力，但其航行速度却是个很大的问题。因为水的密度远大于空气的密度，舰艇在水面上排水行进受到很大的阻力，所以其航速很慢。因此，很长时间以来各国海军一直希望能有一种技术将船体托离水面，使船像飞机一样在空气中快速前进。

英国是最早研制气垫船的国家，1959 年英国建造了第一艘气垫船，在横渡英吉利海峡的航行试验中，它在诺曼底附近仅用 125 分钟就横穿了海峡，并直接冲上法国诺曼底海岸的沙滩。气垫船的性能给英国军方留下了深刻印象，随即英国海军组建了气垫船试验分队，并用于水面扫雷、两栖登陆、导弹发射等军事科目试验。继英国之后，美国和苏联等国也陆续展开气垫船的研究工作。20 世纪 80 年代中期，美国开始建造 LCAC 大型气垫登陆艇，而苏联也在同一时期建造了"野牛"级气垫登陆艇。

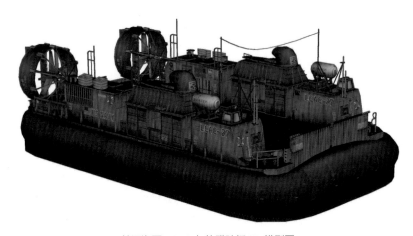

美国海军 LCAC 气垫登陆艇 3D 模型图

小知识：

　　据说，科学家在发明气垫船时受到了乌贼的启发。乌贼在海洋中游速最快可达 150 千米 / 时，因此被称为"海中火箭"。科学家发现，与一般的鱼类靠鳍游泳不同，乌贼的身体下面有一个漏斗状的管，从管中可以向外喷水，其喷水的反作用力可帮助乌贼飞速前进。这种反作用力还可以让乌贼从海下跃至 7 ～ 10 米高的空中。受此启发，科学家在船底安装了一个气囊，在其中装入压缩空气，当气囊打开时，船体的周边就会喷出大量空气形成一个气垫，从而将船体托出水面。

高速航行的美国海军 LCAC 气垫登陆艇

　　气垫船是一种以空气在船只底部衬垫，利用船底与水面间的高压气垫作用，让船体部分或全部提升，从而能够快速在水上行进的运载工具。气垫是用大功率鼓风机将空气压入船底，由船底周围的柔性围裙或刚性侧壁等气封装置限制其逸出而形成的。由于气垫船不是排水型舰艇，航行时不需要利用水的浮力支持船体，因此除了可以在水面航行，还可以在沼泽地、湿地以及较为平坦的陆地行驶。这些功能是其他水面舰艇所不具备的优势，因此气垫船可作为登陆作战中的运载工具，广泛用于运输大型装备，在那些浅水急流、江河上游险滩、沼泽地带、浅海滩涂、河口近岸以及冰雪地段航行更能够体现出气垫船的使用价值。传统登陆艇仅能登陆全世界15%的海岸，而气垫船可在70%的海岸进行登陆作业。

高速航行的俄罗斯海军"野牛"级气垫登陆艇

　　气垫船按照垫升方式可分为全垫升式和部分垫升式。全垫升式气垫船又被称为全浮式气垫船，是在船底四周设有柔性橡胶围裙，并将空气利用垫升风扇注入船底，使整个船体在压缩的空气作用下离开水面，使用空气螺旋桨推进，用空气舵控制方向；而部分垫升式气垫船，也被称为侧壁式气垫船，其船体两侧装有长长的刚性侧壁封住气垫，在艏艉部装有柔性围裙，它可以封住气垫，保证空气不向外逸散。侧壁式气垫船用螺旋桨或喷水推进器来推进，故只能在水面航行，不能上陆。侧壁式气垫船的速度低于全垫升式气垫船，但远高于一般舰艇。

俄罗斯海军"海鳝"级气垫登陆艇停放在海滩上

现代补给舰的主要类型有哪些

补给舰的种类有很多，从最古老的运煤船，到目前最先进的快速战斗支援舰，这些均属于补给舰的范畴。由于各国海军整体实力和作战需求不同，因此所配备的补给舰类型和数量也不相同。整体而言，现代补给舰主要可分为以下几类。

第一，舰队油船（Fleet Oiler）。这是现代补给舰的最基本型号。顾名思义，油船就是只提供液体燃料的补给舰，有部分型号会同时提供淡水。某些补给舰也会提供少量杂货，但补给物主要还是以燃油为主，因此还是只能归类为油船。随着人类环保意识的提升，为了避免燃油泄漏造成污染，各国海军正逐渐把既有油船按民用油船标准，从单壳体油船改为双壳体油船。

第二，综合补给舰（Replenishment Oiler）。这种补给舰在二战前夕由德国发明，战后被美国发扬光大，而后被各国海军所采纳。综合补给舰综合了油船和军火船的功能，把多种补给物资集中在一艘船上，这样的好处是当舰队离开战斗阵位进行补给时，只需跟综合补给舰对接一次，即可获得所有补给物资，无须跟不同类型的补给舰进行多次对接，从而减少补给时间，进而有效减少暴露在敌人火力下的危险性。

综合补给舰通常以柴油机为动力装置，满载排水量为 15 000 ～ 30 000 吨，最大航速通常为 15 ～ 20 节，设有直升机平台甚至机库，可携带 1 ～ 3 架直升机。对于一般中小型国家的海军而言，综合补给舰往往是该国最大型的军用舰艇。

法国海军"迪朗斯"级综合补给舰

第三，快速战斗支援舰（Fast Combat Support Ship）。这是美国海军为了配合航空母舰战斗编队的高航速以及大编队而设计的补给舰，可以说是综合补给舰的强化版本，排水量大幅增加（"萨克拉门托"级为 53 000 吨，"供应"级为 50 000 吨），各类补给物资的装载量也大幅提升，动力系统强劲（通常采用性能优秀但价格昂贵的燃气轮机），航速远比一般的综合补给舰高（"萨克拉门托"级最大航速为 26 节，"供应"级最大航速为 25 节），能追上航空母舰编队高速行进的步伐。

美国海军"萨克拉门托"级快速战斗支援舰

　　虽然快速战斗支援舰的补给能力远胜于综合补给舰，但其建造及使用成本较高，所以大多数国家的海军均选择建造排水量较小、航速较慢但使用成本较低廉的综合补给舰。世界上只有美国海军"萨克拉门托"级和"供应"级、日本海上自卫队"摩周"级才是真正意义上的快速战斗支援舰。

美国海军"供应"级快速战斗支援舰

日本海上自卫队"摩周"级快速战斗支援舰

现代海军有哪些海上补给方式

海上补给是现代海上作战，特别是中远海作战必须具备的后勤保障能力。借助海上补给，可以增大舰艇的作战半径，延长舰艇在海上的逗留时间，减少舰艇对基地的直接依赖程度，从而提高远航舰船的生存能力，增强作战舰艇的战斗力。自海上补给技术诞生以来，已经实现了从单一补给到综合补给的多次重大改进。目前，世界各国海军采用的海上补给方式主要有以下四种。

第一，航行横向补给。这是海上补给中最主要的一种补给方式。航行横向补给时，补给舰和接收舰船编成横队，保持同向同速航行，舰员利用抛缆枪将绳索打到对面的舰艇上，将钢缆牵引到本舰并进行固定，在两舰之间架起若干条钢缆，通过钢缆将干货物资、输油管等传递到接收舰船上，向接收舰船提供补给，供应其所需要的各种补给品。

美国海军"萨克拉门托"级快速战斗支援舰为"尼米兹"级航空母舰提供航行横向补给

航行横向补给是海上补给方式中应用最多、最广的海上补给方法。它具有以下特点：补给品种多，可以补给燃料、淡水、食物、备件等多种补给品，以满足各种类型舰船的补给品需要；需要由专门的舰船，即补给舰进行航行横向补给。补给舰可在一舷向一艘船或多艘船补给，也可在两舷同时进行多船补给；航行横向补给所需索具和输油软管较短，并且空悬于水面之上，可以在较高的航速下进行海上补给作业，而且对接和解脱方便，易于沟通联络。

航行横向补给的缺点是只能在有专用设备的舰船之间进行，补给时两舰距离较近，相对位置不能有太大的变化，所以要求指挥员要有较高的操纵水平。一旦操纵失误或机械发生故障，极容易造成严重事故。

美国海军"供应"级快速战斗支援舰（右）为
"惠德贝岛"级船坞登陆舰（左）进行航行横向补给

　　第二，航行纵向补给。这是应用较早的海上补给方法。航行纵向补给时，补给舰和接收舰船编成纵队，并保持同向、同速航行，通过跨接于两舰间的纵向补给装置，由补给舰向接收舰船实施液货补充。

　　航行纵向补给有以下特点：补给品种少，主要用于液体货物，即燃料、淡水、液体物品的补给；补给装置简单，补给时舰船之间不容易发生碰撞，操纵也不复杂，能在较恶劣的海况下进行作业。

　　航行纵向补给的缺点是只能补给液体货物，输油软管较长，而且浸于水中，这样就大大增加了舰船运动的阻力，传递和回收油管比较麻烦。因此，在现代海上补给中，航行纵向补给一般只作为辅助补给方式。

　　第三，锚泊补给。这是海上补给中应用最早的一种补给方式，即舰船在锚泊状态下，由补给舰向需要补给的接收舰船提供物资补充。

　　锚泊补给的特点是补给设备简单，补给舰上装备简单的装卸设备就可以进行海上补给作业。同时，通信与操作都比航行补给简便。不过，锚泊补给对海况有一定的要求，海况一般不能大于4级，当风浪过大时，便无法进行锚泊补给。在锚泊补给时，补给方法通常有两种，即并靠补给和停泊纵向补给，一般多采用并靠补给方式。

　　第四，垂直补给。这是一种立体补给方式，既能在航行状态下进行，又能在锚泊状态下进行，目前这已成为海上补给的重要方式。

　　垂直补给是利用直升机向需要补给的接收舰船实施物资补充，其具有以下特点：补给速度快，效率高，直升机可以快速飞行到需要补给的接收舰船上方，进行物资补充，机动性好；补给距离远，补给设备简单，运用人力少，操作简单；受海况影响小，可以在大风大浪中分离。

　　垂直补给的缺点是对直升机驾驶员的驾驶技术要求较高，需要经过专门训练。同时，垂直补给只适用于干货物资吊运和伤病员快速转移，不适用于补充大量液体货物。

美国海军"卡尔·文森"号航空母舰接受垂直补给

美国海军"供应"级快速战斗支援舰及其搭载的直升机

>>>> 医院船的作用是什么

　　医院船作为海上伤病员救护治疗平台，是一个国家海上卫勤现代化的重要标志之一。早在公元前5世纪，医院船的雏形就已经出现了。当时的罗马和希腊舰队指定某些船只临时执行海战伤员抢救任务。18世纪，西方国家在对外掠夺的殖民战争中，其大型舰队几乎都编有卫生舰船。1856年，世界上第一艘真正意义上的医院船英国"美女岛"号问世。至此，医院船受到许多国家的重视。特别是在二战以来的战争中，医院船的作用非常突出，一些国家也先后改装或建造了医院船。目前，世界上最大的医院船是美国"仁慈"级，其满载排水量近70 000吨，比著名的"萨克拉门托"级快速战斗支援舰还要大很多。

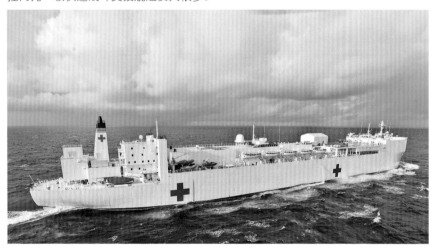

美国海军"仁慈"级医院船

　　一般来说，现代医院船具有以下特点：船上设有以战场外科为主的医疗科室和多种专科救治设备；并备有足够的床位和良好的生活设施；船上配有供运送伤病员的小型救护艇和直升机；船体尾部设有传染病隔离室及太平间，但不设有独立的通风和污染处理系统；船的两舷和甲板印有深红十字（或红新月）标志，并挂有本国国旗，在桅杆高处还须悬挂白底红十字旗。

美国海军"仁慈"级医院船上显眼的红十字标志

医院船的主要使命就是充当"一个机动、灵活、快速反应的海上医疗救护力量",因此船上不配备进攻性武器,只有少量的轻武器,用来实施内部警戒和击退强行登船的敌人。如果有更大威胁,医院船就只能寻求支援,或者紧急撤离。根据国际法相关规定,医院船有义务救助交战双方的伤员,交战各方均不得对其实施攻击或俘获,而应随时予以尊重和保护。同时,医院船不能用于任何军事目的且不得干扰或妨碍敌方作战行动。

"仁慈"级医院船的直升机甲板

战争状态下,医院船主要为作战部队提供医疗保障,尤其适合为两栖特混部队、海军陆战队、快速反应部队等提供应急医疗支援,其服务对象主要是海上战争中的伤员。非战争状态下,医院船的服务对象则是海上事故、自然灾害(舰船火灾、触礁、海啸等)中的伤员,同时它也可以为舰艇编队提供卫勤支援、为边远地区驻岛守礁部队提供医疗服务。

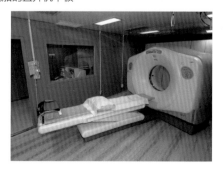

"仁慈"级医院船内部的医疗设备

🔔 **小知识:**

　　1990年，海湾战争爆发，美国"舒适"号医院船（"仁慈"级二号舰）驻泊在沙特阿拉伯附近海岸。在8个月的时间里，该船共接收了8000多名伤员，安排了约700人住院，并进行了337例外科手术。

▶▶▶ 电子侦察船如何实施侦察活动

　　电子侦察船是用于电子技术侦察的海军勤务舰船。在严密的陆、海、空、天侦察体系中，电子侦察船是其中重要的一环，其能够在占全球71%的水域中活动，而且在对水下目标侦察方面具有其他侦察平台所不具备的优势，加之活动时间长、建造成本相对不高、运行费用相对较低等优点，得到了各国海军的重视。不过，由于同时对电子设备研发和舰船建造具有较高要求，目前有能力建造电子侦察船的国家非常少，仅有美国、俄罗斯以及部分西欧国家能够完全依靠自身力量建造电子侦察船。

美国海军"观察岛"号导弹观测船

　　电子侦察船的最大特征是船上布满了大量不同形状的天线，有鞭状、网状、抛物面状、球形等，但随着先进电子技术和侦察设备的发展，电子侦察船上的天线进行了部分缩减以及综合集成，而且加上了各种形状的天线罩。一般情况下，除了一些轻武器之外，电子侦察船很少配备火力较强的武器。

电子侦察船对满载排水量没有特别的要求，但多在 1000 ～ 5000 吨。排水量太小，就没有更多的空间布放天线，也没有足够的续航力来实现远海侦察。排水量太大，则容易被敌方发现，从而很难实现秘密侦察。多数电子侦察船航速在 20 节左右，不需要太高，但往往需要具有一定的续航力，使其能够在海上实现长达几十天甚至数月的侦察。电子侦察船大多装有稳定系统和减摇设备，适航性较好，具备在复杂海况条件下工作的能力。此外，电子侦察船上通常有一批熟练的高级技术人员，而且为了方便收集通信情报，还带有部分精通侦察对象语言的专门人才。

美国海军"无瑕"号监测船

电子侦察船能够对电子设备发出的无线电波进行记录、分析、识别，查明侦察对象各种雷达、通信和武器火控系统等电子设备的工作体制、技术参数和作战性能，为战时实施电子对抗和研制电子设备提供依据。同时，电子侦察船还可以接收侦察对象的无线电通信并破译其密码，以获取军事情报，并可以查明相应无线电台的位置、配系和指挥关系。电子侦察船还可以通过目视、照相、录像等手段，获取侦察对象舰体、港口、基地和海岸设施等各种情报，也可用于监视、跟踪海上舰艇编队的活动。

作为现代侦察体系中不可或缺的一部分，电子侦察船没有平时与战时之分，只有平战结合，这就要求其随时能够在全球各个海域全天候和全时域展开，侦察内容已不再局限于传统的军事情报，而是扩展到军事、政治、经济、科技甚至文化等方方面面。平时，电子侦察船均伺机而动，一旦遇到合适的时机，就会将触角伸向全球海上的各个角落。

美国海军"埃布尔"号监测船

美国海军"洛亚尔"号监测船

扫雷舰为何大都采用有机材料建造

扫雷舰的主要作用就是扫除隐藏在水下的水雷，一般属于第二线的作战舰船。由于扫雷舰的主要任务是清扫水雷，因此舰上没有配备大型武器，仅有一些简单的自卫武器。按使用区域不同，扫雷舰可分为舰队扫雷舰、基地扫雷舰、港湾扫雷舰和扫雷母舰等不同类型。

美国海军"复仇者"级扫雷舰

扫雷舰最早出现在 20 世纪初，二战中得到了大规模的使用。虽然扫雷舰的生命力较强，但是在二战时期各国都有不少扫雷舰在执行任务时舰毁人亡。20 世纪 70 年代，扫雷舰得到了进一步发展。时至今日，世界各国依然大量使用水雷封锁一定海域或者延误敌人登陆，因此扫雷舰依然被各海军大国所重视。对于扫雷舰的建造，美国和俄罗斯选择了不同的道路。美国使用木材建造扫雷舰，俄罗斯则使用玻璃钢制造扫雷舰。

有人可能会感到奇怪，现代军舰的建造材料一般都是钢铁，为何扫雷舰却要使用木材或玻璃钢建造？其实，这主要还是现代水雷的特性所导致的。在众多的非触发引信水雷中，磁性水雷占据了重要部分。它可以通过电磁感应作用发现一定范围内的舰艇，当舰艇进入爆炸范围内之后便可自行引爆进而炸伤或者炸毁舰艇。如果扫雷舰的建造材料以钢铁为主的话，就会大大增加扫雷的难度和风险。因此，现代扫雷舰使用的材料多为有机材料，主要就是美国使用的木材和俄罗斯使用的玻璃钢两种材料。

二战之后，美国海军一度忽视了反水雷舰艇的建造与使用，以致在局部海战和冲突中吃亏不小。20世纪70年代末，美国海军决定加强反水雷舰艇的研制，"复仇者"级扫雷舰就是其中一级。其舰体采用多层木质结构，且外板表面包有浸以环氧树脂的多层玻璃纤维，因此具有高强度、耐冲击、抗摩擦等特点。舰上的诸多设备和部件采用铝合金、铜等非磁性材料。

美国海军"复仇者"级扫雷舰在夏威夷海域

俄罗斯海军最新一级扫雷舰为"亚历山大"级，其舰体采用玻璃钢增强材料真空整体成形建造而成。为了建造"亚历山大"级扫雷舰，俄罗斯涅夫斯基造船厂专门购进了新的设备，并建立了实验室试验真空整体成形技术。全长51.75米的"亚历山大"级扫雷舰也是目前世界上最大的单体复合材料船。整体成形的优点有很多，相比传统的建造方法，其强度更高，使用寿命也更长。使用玻璃钢增强材料这样的非磁性材料，可以避免触发磁性水雷，从而保证扫雷舰自身的安全。与钢铁材料相比，其单位体积的质量更轻，强度也更高。

俄罗斯海军"亚历山大"级扫雷舰

▶▶▶ 水雷反制舰艇如何进行反水雷作业

目前，水雷反制舰艇的作业方式可分为扫雷与猎雷两种。扫雷是最早出现的水雷反制方式，作业时不需要探测水域中是否存在水雷或者水雷的精确位置，扫雷舰艇仅需航行于需要清扫的水域，并在船身后方拖曳各式除雷用具，包括除雷索和音响磁性扫雷具等，将遇到的水雷予以摧毁。其中，除雷索上每隔一定距离便安装一具扫雷刀，如果遇上系留雷的雷索或雷链就能将其切断，使水雷浮至水面，再由火炮将其摧毁；而音响磁性扫雷具则多用来对付磁性或声噪感应水雷，消除雷具模拟舰艇通过时产生的磁信号或声噪，以诱骗水雷上当。

扫雷舰艇在固定海域航道上进行过扫雷作业后，理论上就能开辟一条安全的航道，但也可能是此处原本就没有水雷，或者水雷的引信没有对扫雷具产生作用，还有可能是未达到作用条件的定时或定次（计算舰艇通过次数）水雷。因此，虽然航道的扫雷作业次数越多，安全性就越高，但仍不能百分之百保证此处的水雷已经被尽数消除。

美国海军"复仇者"级扫雷舰

猎雷是一种较晚出现的水雷清除方式，与扫雷的最大区别就是该方式具有侦测水雷的能力，它能以各种手段发现水雷，标定其精确位置并完成识别，之后以潜水人员或遥控载具在水雷附近放置炸药，并逐个将其引爆。因此，猎雷作业是否成功，与水雷的引爆方式或定时定次条件无关，只要被猎雷舰艇侦测到的水雷都可被猎杀。相比之下，依靠扫雷作业清理航道就可能被水雷的种类所影响，即便经过多次清扫也不能保证有漏网的定时定次水雷。

为了发现体积小巧的水雷并完成精确定位，猎雷舰艇都拥有精密的导航定位系统、鉴别度高的侦雷声呐等装备。猎雷艇的另一大技术特征就是其配备了精良的遥控猎雷载具，载具上装有高精确度的声呐、水下探照灯与电视摄影机等侦测装备，以搜获水雷并完成识别作业，另外还能携带灭雷炸药，将其投放在水雷附近，再以遥控方式引爆炸药将水雷摧毁。新一代水雷往往使用智能化、定时、定次以及调整灵敏度等技术，这些虽然会对扫雷作业构成障碍，但并不会影响猎雷作业的成败。

美国海军"鱼鹰"级猎雷舰的灭雷具

美国海军"鱼鹰"级猎雷舰

由于猎雷舰艇通常以遥控载具进行远距离除雷，因此舰艇本身可在距离水雷数百米外将其引爆，安全系数较高。而传统扫雷舰艇则需要亲自拖着扫雷载具在雷区航行，无论是误触或在近距离引爆水雷，波及自身的概率都很大。由于猎雷舰艇具有精确的海底地貌侦测与定位设备，因此也能执行搜寻沉船、海底探勘、铺设海底电缆等任务。

英国海军"桑当"级猎雷舰

猎雷最大的缺点就是只能针对每一枚水雷进行个别的处理与爆破，故其除雷作业速度比扫雷慢。猎雷舰艇在作业时只能以极缓慢的速度（通常为 7 节）前进，以便让声呐等侦搜设备发挥最大作用。此外，目前的猎雷技术很难有效对付埋藏在海底泥沙下或经过伪装掩蔽的水雷，而扫雷作业至少有可能符合其引爆条件从而将其摧毁。

由于扫雷、猎雷各有特长与不足，现代化水雷反制舰艇往往会将两者结合起来，例如现代化扫雷舰艇均配备最初属于猎雷舰艇的水雷侦搜声呐（但无猎雷遥控载具），也有不少所谓的猎雷舰艇携带扫雷索或磁性音响除雷具。

》》》 高速拦截艇如何实现高速航行

按照海军的定义，一般将航速在 30 节以上的舰艇称为快艇（Fast Craft）。而有的舰艇在航速上远远超过了这个标准，甚至能达到 60 节的超高航速。由于航速惊人，这类舰艇得以自立门户，因此被西方国家海军统称为高速拦截艇。目前，国外建造的高速拦截艇主要有美国 M80 "短剑" 高速艇、英国 VSV-22 高速拦截艇、土耳其 MRTP-33 高速拦截艇等。

美国海军 M80 "短剑" 高速艇

土耳其海军 MRTP-33 高速拦截艇

毫无疑问，高速拦截艇的最大优势在于航速。针对这个优势，它们所承担的任务有一个共同特点：速度即使不是唯一的要求，也是最重要的要求。目前，高速拦截艇的主要用户是海关执法人员和海军特种部队，前者使用高速拦截艇拦截海上走私分子或毒贩，后者多用于拦截海盗、武器走私分子和恐怖分子，或者在战时将特种作战小分队部署到敌方纵深地带。

对于高速拦截艇来说，要达到高速的目的，在设计时先要确定两点：一是船型；二是推进装置。一直以来，滑行或半滑行船型是绝大多数高速拦截艇的不二选择，因为它们在实现高航速的同时，也很好地兼顾了适航性。近年来，复合船型逐渐成为追捧对象，其优点在于能快速而平稳地过渡到巡航状态，而且能显著提高最大航速。此外，一些颇具想象力和创造性的新船型，如穿浪船型、穿浪双体船型、M 形船型等，也开始应用于高速拦截艇，并初步显示出了不可低估的发展前景。

对于排水量小、吃水浅的小型舰艇来说，如果采用传统的螺旋桨，很难实现 35节以上的航速。因为此时空泡效应将成为一个严重问题，伴随着剧烈震动，螺旋桨叶片会很快受损。发生空泡效应时的航速值，主要取决于螺旋桨叶片的长度、形状及当时的浸水深度。但无论如何，就高速拦截艇这类对尺寸和排水量有着严格限制的舰艇而言，试图借助传统的螺旋桨来实现超过 35 节的航速，基本上是不可能完成的任务。因此，设计人员开始尝试半浸式螺旋桨和喷水推进器。

半浸式螺旋桨工作时有一半浸入水中，另一半在空气中旋转。喷水推进器则利用推进泵喷出水流的反作用力来推动舰艇前进。这两种推进装置均能在高速航行条件下有效地减缓甚至消除空泡效应，而且它们自身就可提供良好的转向和平衡能力，因此原则上不需要使用舵。当然，应用于高速拦截艇时，两种推进装置各有利弊。

就机动性而言，喷水推进器几乎在所有速度上都更胜一筹，特别是其能够实现良好的紧急转向、驻航和倒航，因为此时只要调整推进泵喷出水流的方向即可。此外，针对恶劣海况下的慢速航行，如航速低于 6 ～ 7 节时，喷水推进器也能游刃有余，而半浸式螺旋桨会遇到很多问题，某些情况下甚至无法工作。

高速航行的美国海军 M80 "短剑" 高速艇

高速拦截艇经常在海岸附近高速游弋，有时会发生撞上水下目标甚至触地等事故。此时，喷水推进器提供了更好的安全性，因为其进水口设置在艇的底部，而且驱动装置可以提供一定的牵引力。换句话说，采用喷水推进的高速拦截艇可以安全通过非常浅的水域。当然，如果浅水下方是细沙，或者周围出现塑料袋、树枝、海草等漂浮物，将很容易导致推进泵停机，因为其工作时就像一台吸尘器，会吸入周围任何能够吸入的物体。

对于半浸式螺旋桨来说，由于它比传统的螺旋桨有着更大直径，因此一旦撞上水下目标或触地会给舰体带来很大危险，致使严重受损。此外，采用半浸式螺旋桨的高速拦截艇不适合执行部署和回收作战蛙人的任务，甚至不适合从事水上救援作业，因为巨大的螺旋桨叶片高速旋转时的噪声极大。

　　不过，半浸式螺旋桨也有着喷水推进器所不具备的优点。在相同条件下，半浸式螺旋桨通常能提供更快的航速和更好的加速能力。喷水推进器由于进水口设计，影响了其以 50 节以上航速前进时的性能。这一影响与空泡效应有关，并有可能导致推进泵吸入空气而不是水。当然，目前也有少数喷水推进器，由于引入了先进的进水口设计，最终实现了高达 55 节的航速，但其代价是降低了恶劣海况下的巡航性能。

　　总之，如果将高速拦截艇的航速定在 50 节以下，那么半浸式螺旋桨和喷水推进器各有千秋，难分伯仲。不过，在工作水域较为复杂的条件下，喷水推进器将成为更好的选择。如果航速超过 50 节，则半浸式螺旋桨应该更占优势。

高续航行的土耳其海军 MRTP-33 高速拦截艇

建造无人水面艇需要克服哪些技术难题

　　无人水面艇（Unmanned Surface Vessel，USV）是一种无人操作的水面舰艇，主要用于执行危险以及不适于有人舰艇执行的任务。一旦配备先进的控制系统、传感器系统、通信系统和武器系统后，USV 就可以执行多种战争和非战争军事任务，包括侦察、搜索、探测和排雷；搜救、导航和水文地理勘察；反潜作战、反特种作战以及巡逻、打击海盗、反恐攻击等。USV 具有复杂的系统组成，涉及众多的技术领域，其关键技术主要有以下几项。

第一，载体的总体设计和系统集成技术。该项技术包括：基于模块化思想的USV载体设计和集成技术；在复杂海洋环境下USV高速航行的稳定性理论与方法以及USV的抗倾覆性、浮态自恢复能力等。

美国海军"食人鱼"无人艇

第二，环境感知技术。由于USV在海面航行时受到风浪流的影响较大，需要解决在恶劣海况下，艇体在持续颠簸条件下的水面目标探测和识别技术，因此这就需要开展在海面环境下障碍识别新理论和新方法研究，以及动态背景和低信噪比条件下的目标检测方法研究，对多种传感器获取信息进行处理，完成目标的跟踪、检测、识别与轨迹预测。

以色列海军"保护者"无人艇

　　环境感知技术是一项在近年来取得较快发展的技术，它直接关系到 USV 作战，特别是反水雷战、反潜战和水面战。USV 对于这一技术领域的需求是：进一步提高区域覆盖率，提高分类和识别能力及非传统跟踪技术，改进用于探测化学、生物、核、放射性和爆炸威胁的传感器。在满足 USV 反水雷战任务需求方面，合成孔径声呐技术处于领先的地位。合成孔径声呐技术能够大幅扩展探测区域，并能够提高目标的分辨率，这个特性对于反水雷战模块的开发具有重要意义。此外，宽带水声技术也具有提高水雷探测范围的能力。

以色列海军"银色马林鱼"无人艇

　　第三，自主决策与控制技术。主要内容为复杂海洋环境下 USV 自主决策理论与方法，运动的非线性控制理论与方法。自主决策和自动控制技术的高低体现了 USV 智能化程度的高低。环境感知、信息综合处理和自主导航技术是 USV 实现智能化运动控制的前提，USV 控制系统体系架构要满足可靠性高、容错性好等要求。为了提高 USV 的自主能力，航迹规划是必不可少的关键技术之一，基于电子海图和给定航路约束点的条件下，USV 需要自主规划出一条符合一定原则和约束条件的最优路径，采用在线规划时还须满足实时性要求。此外，USV 还要解决在动态目标威胁条件下的局部避碰规划问题。

　　第四，无线通信技术。USV 与母船或者地面站之间需要通过数据链路进行信息交互，如利用超高频扩频通信结合卫星通信方式进行数据传输，传递的信息包括图像信息、视频信息、控制指令、姿态信息、位置信息等，在此过程中需要考虑 USV 数据传输中的带宽、抗干扰和实时性等问题。

第五，艇载武器技术。为了完成反水雷战灭雷、反潜作战、水面作战等任务，USV 必须携带并发射相应的武器装备。USV 发射武器面临的主要技术挑战是在各种海况条件下稳定地瞄准目标并获得准确的弹道。恶劣的海况可能会造成 USV 平台瞄准和武器发射等方面的问题。

英国海军"卫兵"无人艇

>>>> 美国"特雷耶"号模拟训练舰有何特别

"特雷耶"号模拟训练舰是一艘长期泡在游泳池里的特殊战舰。美国设计和建造"特雷耶"号的目的是为美国海军新兵营造沉浸式的训练场景。为实现这一目的，美国海军专门组建了设计小组。该小组的成员不仅有美国海军的训练专家和咨询人员，还有娱乐公司的设计师和编剧。他们将 12 个基于真实事件的训练场景有序地组合到一起，共同构成一个连续的训练流程。随后，设计小组利用先进的仿真模拟技术，包括好莱坞电影道具特效、迪士尼主题公园的声光技术，以及烟雾、火焰等各种效果，为士兵提供全面的感官刺激。值得一提的是，所有舱内的装饰，包括门窗、灯和杂物，都来自 3 艘退役的战舰。这些措施都是为了打造逼真的战场环境。

"特雷耶"号模拟训练舰外部视角

　　因此，"特雷耶"号模拟训练舰一经建成，便在模拟真实作战环境上达到了以假乱真的效果。该舰停放在美国海军"21战斗港"训练基地，当新兵来到基地，穿过厚重的钢制大门时，各类特效设备就陆续登场了：头顶有海鸥飞过的声音，空气中充满了海水味。模拟的海风吹来，似乎有水花飞溅到脸上。这一切都让新兵感觉到，这就是真正的军港。不过，码头上的特效仅仅是前奏，真正的好戏在登上"特雷耶"号模拟训练舰后才会上演。在接下来的12个小时内，新兵要经历17个关卡的考核。这17个关卡的考核，场景设置更加逼真，其场面堪称惨烈。其中以"群体伤亡舱室""着火舱室""进水舱室"最为典型。

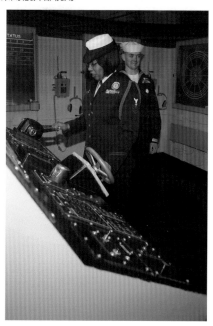

"特雷耶"号模拟训练舰内部一隅

　　"群体伤亡舱室"主要用来模拟遭到反舰导弹命中后的混乱情况。"中弹"前，高音喇叭里会播放"导弹即将命中"的警报。"中弹"时，位于地板下方的大功率低音炮将模拟导弹爆炸的巨大冲击波和震动。爆炸过后，舱内会出现很多被扭曲的舰体残骸困住的"伤员"。这些"伤员"身上有红外传感器和音频播放器，有人靠近时就会发出各种呻吟和求救声。此时，整个舱室的灯光也开始闪烁不定，模拟电路受损时的情况。

　　"着火舱室"内，在计算机的控制下，天然气被点燃，形成真正的火焰。"进水舱室"位于受损的主炮弹药库里，大量的"海水"会灌进船舱。很快，"海水"就会达到齐腰深。这会给新兵们堵漏和转移炮弹等行动带来极大困难。

　　"中控室"是"特雷耶"号模拟训练舰的控制中心，负责控制所有模拟场景。这里的控制人员可以监控各个舱室的训练进程，还能手动添加一些额外的训练特效。这些设置和举措让"特雷耶"号模拟训练舰成为美国海军新兵必须踏上的第一个战场。

　　由于楼内空间有限，全长64米的"特雷耶"号模拟训练舰仅模拟了"阿利·伯克"级驱逐舰的前半部分。但是，"特雷耶"号模拟训练舰仍然能够容纳352名新兵同时登舰训练。该训练舰从2007年投入使用起，每周有5天训练，每年可以训练3万多名新兵。

"特雷耶"号模拟训练舰内部的逼真场景

Part 04

潜艇篇

潜艇是能够在水下运行的舰艇，其配套设备多样，技术要求高，全世界能够自行研制并生产潜艇的国家不多。潜艇能利用水层掩护进行隐蔽活动和对敌方实施突然袭击；有较大的自给力、续航力和作战半径，可远离基地，在较长时间和较大海洋区域内一直深入敌方海区独立作战；有较强的突击威力，能在水下发射导弹、鱼雷和布设水雷，攻击海上和陆上目标。

建造潜艇对材料有何要求

由于潜艇是在大深度的海水中航行并进行战斗，服役条件相当苛刻，所以对潜艇用钢要求非常严格，主要要求有高屈服强度、高韧性和高抗爆性、良好的焊接性、良好的耐海水腐蚀性能和抗低周疲劳性能等。

建造中的美国海军"弗吉尼亚"级攻击型核潜艇

美国海军"海狼"级攻击型核潜艇三号艇"吉米·卡特"号准备下水

第一，高屈服强度。为提高潜艇的隐蔽性、安全性和技术战术性能，必须尽可能地增加潜艇的下潜深度。一般来说，在海水中深度每增加 10 米，海水的压力就增加一个大气压。所以潜艇下潜深度越深，海水对潜艇耐压壳体的压力也越大。增加耐压壳体钢板的厚度，虽然可承受更大的压力，但这将导致潜艇的重量增加，备用浮力损失，承载能力降低，所以，提高钢的屈服强度是唯一可行的方案。潜艇耐压壳体用钢的屈服强度与潜艇下潜深度有密切的关系。钢的屈服强度越高，耐压壳体重量就越轻，潜艇的承载能力就越大，可下潜的深度就越深，潜艇的隐蔽性就越好。

第二，高韧性和高抗爆性能。潜艇的工作环境是地球上所有的海洋。不同区域的海洋温度是有差异的，在两极温度较低，在赤道区温度较高，温度的波动为 -34℃～49℃，在这个温度范围内，潜艇用钢必须具有良好的韧性。潜艇用钢的韧性要求，比一般的结构钢要严格得多，特别是在潜艇遭受水下爆炸载荷攻击并产生相当大的塑性变形时，也不允许产生脆性破坏，因此还要求有良好的抗爆性能。为保证潜艇的安全可靠性，潜艇用钢的韧脆转变温度还要有 55℃以上的韧性储备。

第三，良好的焊接性。整个潜艇是一个大型的焊接结构，焊接是潜艇建造必不可少的工艺。从潜艇整体结构的安全性考虑，要求焊缝、热影响区与母材要等强等韧，这是一个相当严格的要求。因为焊接过程即金属重新熔化、重新凝固的过程，它与通过精炼、轧制、热处理等的母材是完全不同的，焊缝获得的是较粗大的铸造组织，而母材是具有良好综合性能的调质组织，两者有较大差异。随着钢强度的提高，碳当量也随之提高，钢的焊接性将变坏。但是要求潜艇用钢必须具有良好的焊接性才能满足潜艇建造和使用的技术要求。

英国海军"机敏"级攻击型核潜艇

　　第四，良好的耐海水腐蚀性能。潜艇的工作环境是海洋，而海水是一种复杂的多种盐类的平衡溶液，其中含有生物、悬浮泥沙、溶解的气体和腐蚀性有机物。因此要求潜艇用钢在海水中均匀腐蚀小；在应力集中处，不产生局部腐蚀。

　　第五，抗低周疲劳性能。水下航行的潜艇，除受工作深度所决定的均匀静态外压力外，为适应多变的作战需要，它还要不断地改变航行的深度，经常下潜或上浮，潜艇耐压壳体用钢要承受反复的压力，这种不同深度下航行的潜艇所引起的压力循环，可缩短潜艇耐压壳体用钢的使用寿命。在腐蚀环境中，当应力比较高，反复应力达到材料屈服点的80%时，就要求材料必须具有5000次循环以上的寿命。按潜艇的服役时间为15年计算，要求潜艇用钢的抗低周疲劳周期累计不能少于10 000～30 000次。

俄罗斯海军"北风之神"级弹道导弹核潜艇

潜艇的航行状态有哪些

　　航行状态是潜艇特有的战术技术性能，它是指潜艇在水面和水下不同深度航行时所处的各种状态。潜艇指挥官必须根据战术需要、海区条件、机械状况等情况，选择适当的航行状态。具体来说，潜艇的航行状态包括以下几种。

第一，水面航行状态。这是指主压载水舱不注水，潜艇浮于水面，既能在水面航行，又能随时潜入水下航行的一种状态。潜艇处于水面航行状态时与水面舰艇航行状态基本相同，能在舰桥进行观察和操纵，具有良好的水面稳定性和机动性，主要用于潜艇离、靠码头，进、出基地，水上抛锚和起锚，水上系、离浮筒，通过浅水区、狭窄水道航行以及短距离航渡和战时艇体破损后航行等情况下。常规动力潜艇为了充电，在海况条件不允许潜艇用通气管航行时，也可采用这种航行状态。

俄罗斯海军"亚森"级攻击型核潜艇在水面航行

第二，半潜航行状态。这是指潜艇大部分主压载水舱注入海水，耐压艇体基本淹没，部分上层建筑和指挥室围壳尚露出水面，可随时潜入水下航行或上浮至水面航行的一种状态。它是潜艇下潜、上浮过程中的中间过渡状态。此时，潜艇吃水较深，储备浮力较小，稳定性较差，适航性能减低，只有在风浪不大时，才允许以此状态进行低速航行。半潜航行状态主要用于：在下潜过程中，检查艇体水密情况，发现并消除纵倾和横倾力矩，保证潜入水下的安全；在上浮过程中，为了节省高压空气，先浮至半潜状态，再利用低压气排除主压载水舱的水，使潜艇浮至水面状态；测定艇位或进行必要的检修等。

第三，水下航行状态。这是潜艇的基本航行状态，按深度又可分为潜望深度航行状态和工作深度航行状态。前者是主压载水舱全部注满海水，消除了储备浮力，艇体淹没，潜艇可在水下使用潜望镜的航行状态。通常潜艇在潜望深度进行均衡，使浮力差和力矩差接近于零，为潜艇水下航行状态打下良好的基础。潜望深度航行状态，包括潜望镜航行状态和通气管航行状态。潜望镜航行状态是潜艇处于水下使用潜望镜观察海面、空中情况时的航行状态，主要用于升起和使用各种升降装置（潜望镜、雷达天线、雷达侦察仪天线、无线电天线等），保证潜艇在水下进行观察、测位、导航、通信联络和实施攻击等。在潜望镜航行状态时，由于各类潜艇的升降装置高度各有不同，其潜望镜深度航行状态所处深度也不同，常规动力潜艇距水面的高度为 7 ～ 10 米，核动力潜艇为 9 ～ 15 米。潜望镜航行状态的下潜深度较浅，使用的升降装置顶端露出水面，易被从空中、水面用目力和侦察器材发现，因此隐蔽性较差，并有与水面舰船发生碰撞的危险。潜艇在航行中必须加强观察，并采取安全隐蔽措施。在大风浪条件下，处于潜望镜航行状态时受浪涌的影响较大，可能产生不利的纵倾、横倾，须防止艇体露出水面，随时作好下潜至工作深度航行状态的准备。

德国海军 206 级常规潜艇准备潜入水下

通气管航行状态是潜艇在潜望深度时升起通气管、使用柴油机作动力所处的航行状态。这是常规动力潜艇的重要航行状态之一，核动力潜艇在必要时也可采用。使用通气管航行状态时，柴油机工作所需的空气，经过通气管进入舱室内，保障其正常工作，柴油机工作产生的废气，经过排气管排入水中。其优点是：节省电能，增大水下续航力；在水下充电，补充蓄电池电能；为舱室通风，更换新鲜空气；进行充气，为高压气瓶补足高压气。但升起通气管，会增大潜艇水下的阻力，从而影响航行速度；通气管易被折或变形，使用柴油机的航速不能过大；通气管露出水面，易被水面舰船和飞机侦察发现；在风浪较大时，通气管有时会被海浪淹没，影响柴油机正常工作；柴油机工作时，产生的噪声较大，对隐蔽性不利，会影响己方潜艇进行水声观察，并且易被敌方发现并遭受攻击。因此在有敌情威胁的海区，须尽量避免和减少使用这种航行状态。

澳大利亚海军"柯林斯"级常规潜艇在水面航行

　　工作深度航行状态是潜艇在水下安全深度到最大工作深度范围内所处的航行状态。这是最适合潜艇在水下进行战斗活动的航行状态，在此状态下，潜艇可使用电力推进或核动力推进，潜艇的艇体结构、机械、系统和装置均能保证长时间正常工作，潜艇可在水中实施各种机动。工作深度的上限为安全深度，是潜艇为防止与水面舰船和冰层相碰撞所处的深度。通常防止与水面舰船碰撞的安全深度在 30 米以下；而防止与冰层碰撞的安全深度，则可根据冰层的厚度决定。当潜艇从大深度上浮时，须先浮至安全深度航行状态，探测水中和海面情况，预防浮起时发生碰撞危险。工作深度的下限为极限深度，耐压艇体有被海水压力压缩、变形，甚至破裂的危险。通常规定潜艇只允许在最大工作深度以上的水层进行活动，极限深度以下的水层，潜艇的生命力将受到破坏，是潜艇航行的禁区。潜艇工作深度的大小，根据耐压艇体所承受的海水压力大小而定，耐压艇体钢材质量好，承受海水压力大，工作深度就大；潜艇下潜深度越大，潜艇工作深度航行状态的活动空间范围就越大，对潜艇的机动、作战行动也就越有利，同时，潜艇产生的噪声也越小。

🔔 小知识：

战略导弹潜艇发射弹道导弹时，通常在水下30米左右的深度航行状态实施；攻击型潜艇对水面舰艇攻击时，可在工作深度和潜望深度航行状态实施；潜艇对潜艇攻击时，可在工作深度范围内的航行状态实施；布放水雷时，可在较大的工作深度航行状态实施。

以色列海军"海豚"级常规潜艇在水面航行

▶▶▶ 潜艇的水下停泊状态有哪些

水下停泊状态是指潜艇停泊于一定深度的海水中或海底时所处的状态，主要包括潜坐海底、水下锚泊和水下悬浮三种。

（1）潜坐海底是潜艇潜坐于海底的停泊状态，主要用于艇员休息、隐蔽待机、节省能源、排除故障或从事其他必要的活动。潜艇可在工作深度范围内潜坐于固体海底和液体海底上，不允许在最大工作深度以下潜坐。

潜坐于固体海底时，可选择海底平坦、流速较小，没有沉船和危险物的海区，底质以粗砂、泥沙、贝壳底为宜，避免在黏泥、烂泥、岩石底上潜坐，以防艇体及艇舷装置被粘住、陷入或损坏。潜坐于固体海底的特点是停泊稳定性好，不易因海流发生移位；有利于艇员恢复精力和排除故障。但潜坐时操纵比较复杂，潜坐后机动性受到一定限制，长时期潜坐时，要经常注意潜坐状态的变化，防止陷于海底和艇位移动。

　　潜坐于液体海底，是利用海水密度急剧增大的水层对潜艇产生的正浮力使之停泊于水中。潜坐时，须了解液体海底的密度、厚度、范围等情况，选择液体海底海水密度跃变的水层。潜坐于液体海底的特点是操纵比较简单，潜坐后能随时进行机动，有利于隐蔽待机。但液体海底不稳定，潜艇会随流漂移，海水密度可能会发生变化，停泊的可靠性比较

英国海军"机敏"级攻击型核潜艇潜坐于海底示意图

差，因此须经常观察潜坐状态的变化情况。

　　（2）水下锚泊是潜艇利用锚和锚链系泊于水下的状态，主要用于在待机活动时节省电能，在机械故障时进行修复，以及使艇员获得休息等。水下锚泊的特点是：依靠锚和放出锚链的重量固定于海底，使潜艇停泊在海水中，并调整浮力使潜艇稳定在某一深度上。水下锚泊深度须在工作深度的范围内，不允许停泊在最大工作深度以下。锚位选择在海底平坦、底质良好、流速较小和宽阔的海区。

　　水下锚泊时，易受海流影响而产生漂移，易受浮力变化影响而产生深度变化，因此须及时进行水量微调；水下锚泊稳定性较差，须随时观察潜艇锚泊状态的变化，及时采取措施，以保证锚泊的安全。水下锚泊操纵比较复杂，可靠性和机动性较差，一般在无法潜坐固体海底、又无液体海底可停泊时采用。

　　（3）水下悬浮是潜艇保持在一定深度海水中停泊的状态。此时浮力为零，潜艇既不上浮又不下潜，处于水中某一深度上。目的是隐蔽行动，有利于侦听，节省电能，实施水下待机。水下悬浮停泊受水文条件的影响很大，保持一定深度悬浮比较困难，必须利用浮力调整水舱，进行水量微调。有的潜艇在与潜艇重心相一致的位置上设有专门的悬浮水舱或悬浮系统，通过注、排水的方法，实现水量微调，使浮力等于零，使潜艇保持在一定深度的海水中悬浮停泊。

瑞典海军 A26 级常规潜艇水下悬浮示意图

▶▶▶ 潜艇上浮下潜的原理与鱼类是否相同

众所周知，鱼类靠改变自身体积来调节自身密度，从而实现上浮和下潜。鱼类下潜时，要把鱼鳔内的一部分气体排出体外，使自身体积减小，密度增大，当自身密度大于水的密度时，鱼类就可潜入水下。当鱼类想浮出水面时，要把鳃滤出的一部分气体放入鱼鳔内，使自身体积增大，密度降低，当自身密度小于水的密度时，鱼类就会浮出水面。

俄罗斯海军"台风"级弹道导弹核潜艇浮出水面

与鱼类不同，潜艇通过改变自身的重力可实现上浮和下潜。潜艇上设置有主压载水舱，其功能就是通过注、排水实现潜艇的下潜、上浮。对于双壳体结构的潜艇，其通常设在耐压艇体外的左右舷和艏艉部，并沿潜艇纵向前后、左右对称布置。

潜艇主压载水舱的水增多时，潜艇的重量增加，当重量大于水所产生的浮力时，即从水面潜入水下。潜艇要从水下浮出水面时，要用压缩空气把主压载水舱内的一部分水排出，使潜艇的重量减轻，当自身重力小于水产生的浮力时，便可实现上浮。

为了更好地控制潜艇的运动，潜艇通常还设有辅助压载水舱，包括浮力调整水舱、纵倾平衡水舱、补重水舱和快潜水舱。浮力调整水舱位于潜艇重心附近，通常为左右舷对称布置。当潜艇重力或浮力改变时，通过向该舱注入或排出适量的水来保持潜艇平衡，也可用来调整潜艇的横倾。纵倾平衡水舱设在耐压艇体艏端和艉端，主要用于调整潜艇的纵倾。补重水舱包括鱼雷补重水舱和导弹补重水舱等，用来补偿消耗掉的备用鱼雷和导弹的重量。快潜水舱注满水时会使潜艇产生一定的向下作用力，从而加快潜艇的下潜速度。

　　为了向这些水舱注、排水，潜艇上还有通海阀、通气阀、传动装置、压缩空气系统、低压气吹排系统、应急吹排系统、潜浮操纵站等各种管道和设备。

俄罗斯海军"基洛"级常规潜艇在水面航行

意大利海军潜艇在水下放出战斗蛙人

>>> 潜艇的"龟背"有何弊端

"龟背"是战略核潜艇上过于高耸的导弹发射筒整流罩的一种俗称，它是战略核潜艇与其他潜艇在外观上差异最大的地方。

俄罗斯海军"德尔塔"级弹道导弹核潜艇的"龟背"非常显眼

为了扩大射程，各国战略核潜艇所携载的弹道导弹越来越大，但是潜艇的耐压壳体直径却受到各方面因素的制约，很难再大幅增长，所以就出现了导弹超长并外露于潜艇耐压壳体的问题。为了降低潜艇在水下航行时的阻力，保证艇体线形的畅顺，同时也为了保护暴露的导弹发射筒，因此必须在超长外露的导弹发射筒上部，用上层建筑形成一个整流罩加以覆盖。当导弹发射筒超出耐压壳体较多时，这部分上层建筑的体积和高度就会急剧增加，外形上也比较突兀，所以被称为"龟背"。

简而言之，"龟背"是因为弹道导弹太长，为保证发射需要的无奈之举。所以，"龟背"不可避免地会对潜艇的水下性能造成一定影响。因此，各国海军都会采取相关措施，将"龟背"造成的负面影响降至最低。

目前，美国海军战略核潜艇的"龟背"相对较小。首先，美国潜艇制造技术的成熟使其可以加工出直径相对较大的艇体，且单壳体设计也可增大潜艇内部空间。其次，美国海军现役"俄亥俄"级战略核潜艇所搭载的"三叉戟 II"弹道导弹在不影响性能的前提下进行了优化设计，其体积被缩小，也减少了导弹在艇外暴露的部分，因此只需要一个稍稍隆起的小"龟背"就可以胜任。

相比之下，俄罗斯海军在潜艇制造方面，虽然采用了安全性更好的双壳体设计技术，但也限制了潜艇内部的实际使用空间。另外，俄罗斯潜射弹道导弹相比于美国同类导弹还是体积较大，导致俄罗斯战略核潜艇的"龟背"也大于美国战略核潜艇。为了弥补这一缺陷，俄罗斯海军采用的办法就是建造一种吨位更大的战略核潜艇，于是出现了目前世界上吨位最大的弹道导弹核潜艇——"台风"级。

潜航排水量达到 4.8 万吨的俄罗斯海军"台风"级弹道导弹核潜艇

需要指出的是，虽然"龟背"对潜艇的高速性与安静性造成了不利影响，但其负面作用并没有想象中的那样大。潜艇在水下航行时遭遇的阻力由摩擦阻力、形状阻力、附体阻力三大部分构成，其中由指挥塔围壳与舵面等突起部位造成的附体阻力可以占到 20%～30%。主艇体阻力中，摩擦阻力约占 2/3，形状阻力占 1/3。摩擦阻力与浸润面积成正比，形状阻力则取决于艇体的横截面尺寸。"龟背"固然会导致浸润面积增加，形状阻力上升，但影响毕竟有限。

潜艇需要的推进功率与水下航速的立方成正比。假设在无"龟背"状态下附体阻力占比 20%，"龟背"导致主艇体阻力上升 25%，则"龟背"的出现将带来略微超过 6% 的速度损失，这并不是那么难以接受。为了最大限度提高隐蔽性，在巡逻区执行核威慑任务的战略核潜艇往往以极低速度静音航行。流体噪声与航速的立方成正比，低速航行时，有无"龟背"对潜艇的流体噪声并没有实质性影响。

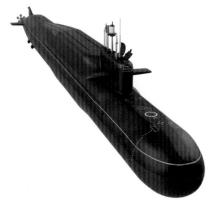

俄罗斯海军"德尔塔"级
弹道导弹核潜艇 3D 模型图

美国海军"俄亥俄"级弹道导弹核潜艇的"龟背"较小

>>> 潜艇的十字形尾舵和 X 形尾舵有何区别

　　十字形尾舵和 X 形尾舵是两种最常见的潜艇尾舵造型。前者是指尾舵的四个舵面呈十字形布局——左右方各有一个水平布置的舵面，上下方各有一个垂直布置的舵面。后者是指四个舵面呈 X 形布局。老式潜艇以十字形尾舵居多，而新式潜艇很多采用了新型的 X 形尾舵，两者的区别主要体现在以下几个方面。

　　第一，X 形尾舵的纵向和横向尺寸相对更小，一般不会超过潜艇的直径尺寸，而十字形尾舵的尺寸则要超过潜艇的直径尺寸。所以，X 形尾舵在潜艇停靠港口的时候不容易发生碰撞事故。对于主要在近海活动的常规动力潜艇，X 形尾舵和海底突出物碰撞的可能性要低于十字形尾舵。因为近海水深较浅，因此潜艇在作战时可能要运用坐底战术，十字形尾舵因为下方的垂直舵面长度要超出潜艇的中段直径，所以尾舵很容易和海底发生碰撞而造成破损，而 X 形尾舵则没有这样的问题。

小知识：

　　坐底可以理解为主动安全搁浅，即潜艇完全下潜至海床上，以躲避敌人。

采用十字形尾舵的俄罗斯海军"奥斯卡"级核潜艇

第二，X形尾舵的舵效高于十字形尾舵。常规的十字形尾舵在水平方向上机动时只有上下两个垂直舵面起作用，左右两个舵面基本没有作用。X形尾舵的四个舵面各自都兼有垂直舵和水平舵的双重功能，而且每个舵面都可以独立控制。所以，在潜艇水平机动时，X形尾舵更有优势。

第三，X形尾舵的操控性比较复杂。X形尾舵的四个舵面在潜艇调整姿态时都要参与工作，相互配合满足姿态调整要求，而且舵面调整要精确，否则会对其他舵面产生影响。相比之下，十字形尾舵在潜艇姿态调整时一般只有两个舵面参与工作，在舵面调整时容许出现一定的误差。

法国海军"阿格斯塔"级常规潜艇的十字形尾舵

第四，十字形尾舵更适合于冰下活动的潜艇，因为十字形尾舵的垂直舵面在破冰时与冰面垂直，受力面积小，能够承受的力更大，在破冰时相比 X 形尾舵更不容易破损。

第五，X 形尾舵发生破损后继续工作的能力更强。X 形尾舵的四个舵面既可充当垂直舵，又可充当水平舵，所以在一个或两个舵面发生故障后，仍能继续工作，对潜艇水下姿态进行调整。如果十字形尾舵的两个垂直舵发生故障，那么潜艇基本就无法在水下进行水平方向上的机动。

第六，潜艇的指挥塔围壳会使潜艇尾部湍流不规则，从而对尾舵的工作产生影响，尤其是会使十字形尾舵的效率下降，但对 X 形尾舵的影响则相对较小。

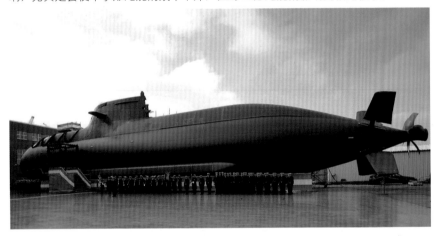

采用 X 形尾舵的德国海军 212 级常规潜艇

▶▶▶ 潜艇的指挥台围壳能否取消

指挥台围壳是潜艇的标志性结构之一，也是潜艇上层建筑的主要部分和潜艇最重要的部分之一。现代化潜艇的指挥台围壳围封了各种升降装置如通信天线、通气管、潜望镜、雷达桅杆、电子支援测量天线等，同时也是现代化潜艇执行水面航行、收发信息、离靠码头、实施观测和指挥的重要部位。

作为潜艇的最大附体之一，指挥台围壳可对潜艇的艇体阻力、水动力噪声以及水下操纵特性带来较大影响，尤其是潜艇水下航行时指挥台围壳产生的尾流将影响潜艇尾部推进器伴流场的均匀性和稳定性，进而增加推进器的辐射噪声，因此不利于潜艇的声学隐身。而且，在潜艇的水下航行过程中，指挥台围壳部分的阻力在潜艇总阻力中占有较大的比重。以德国 209 级潜艇为例，其指挥台围壳只占湿表面积的 8.84%，高速航行时却产生了 12.71% 的总阻力。

美国海军"弗吉尼亚"级
核潜艇的艇员在指挥台上瞭望

美国海军"洛杉矶"级
核潜艇的指挥台围壳露在冰外

　　按理说，现代化潜艇的水下性能越来越好，弊端较多的指挥台围壳似乎应该取消了。事实上，20 世纪 70 年代美国海军在建造"洛杉矶"级核潜艇时就曾设想取消指挥台围壳，以降低阻力提高航速。经过周密计算，设计师认为潜艇在取消指挥台围壳后至少可以将航速提高 1.5 节。为此，设计师为"洛杉矶"级核潜艇设计了一个可折叠的桅杆结构，用于取代传统的指挥台围壳。遗憾的是，这种设计带来的弊端完全掩盖了航速提高的优点，"洛杉矶"级核潜艇最终还是保留了指挥台围壳。

日本海上自卫队"苍龙"级潜艇的艇员站在指挥台围壳舵上

在此之后，尽量优化指挥台围壳的线形，进而减少由此带来的不利影响，成为现代化潜艇设计所追求的目标之一。从目前来看，在进行优化指挥台围壳线形的设计时，其重点应放在围壳外形以及围壳与艇体的连接方式上（围壳的外形直接影响围壳部分的形状阻力，其前缘曲率半径和最大厚度位置对围壳的流噪声和马蹄涡有显著影响；围壳与艇体的连接方式主要是对围壳前缘流动分离现象和抑制马蹄涡形成产生影响）。

随着舰船科学技术的进步，各国已经普遍采用数值方法模拟计算潜艇流场作为潜艇设计的重要辅助手段，特别是在潜艇指挥台围壳的线形优化设计方面，研究人员已经做了大量的工作，计算了不同线形、不同弦长、不同高度的指挥台围壳、潜艇艇体模型，给出了丰富的理论数值结果，表明适当降低指挥台围壳的高度，增加围壳厚度，可以明显改善潜艇尾流场的均匀度，从而减少潜艇的水下航行阻力，这种设计理念目前已经用于指导潜艇指挥台围壳的优化设计。

英国海军"前卫"级核潜艇的指挥台围壳位于艇体靠前位置

▶▶▶▶ 流水孔对潜艇的性能有何影响

流水孔是指开立在潜艇上层建筑等非耐压非水密结构上，用于潜艇上浮下潜时，供液体自由进出的开口。流水孔虽然没有潜艇装备的声呐、武器以及各种系统那样至关重要，但流水孔开设的数量、位置以及流水孔的形状和大小，也不是一个简单的问题。如果流水孔设置不当，将会对潜艇的性能产生不利影响。

二战时期英国海军"安菲翁"级潜艇设有大量流水孔

　　第一，流水孔的数量和大小会影响潜艇在水下航行时的阻力。流体力学的计算和试验结果均表明，当潜艇处于水下航行状态时，艇体上一个流水孔的阻力是同样大小平板的 4～5 倍。一艘潜艇的流水孔数量过多、直径过大，将会增加潜艇在水下航行时的阻力，从而导致水下航速降低。因此，高速潜艇往往都会尽量减少流水孔的数量。

二战时期美国海军"小鲨鱼"级潜艇设有大量流水孔

第二，流水孔会影响潜艇的隐身性能。当潜艇处于水下状态时，上层建筑等自由浸水空间内部的海水与外面的海水是自由连通的。潜艇在水下航行时，海水通过流水孔不断流进和流出，并且在这一过程中发生水流波动。特别是在水下高速航行时，这种水流波动将会产生漩涡。当潜艇达到某一航速时，水流波动产生的漩涡可能与潜艇液舱或者潜艇内部空间结构产生共振现象。一旦产生共振现象，不仅会产生阻力，增加潜艇推进能量的损耗，还会发出噪声，降低潜艇的声隐身性能。在一些特别严重的情况下，共振结果还将导致潜艇结构的疲劳裂断。

俄罗斯海军"基洛"级常规潜艇水线附近的流水孔较为显眼

为了克服这些不利因素，一些国家在潜艇的主要流水孔处设置了采用活动链接方式的封闭挡板。当潜艇处于水面状态或下潜、上浮时，封闭挡板处于开启状态，但是当潜艇处于水下航行状态时，挡板则处于关闭状态，将流水孔封住。采取这种办法虽然对降低潜艇的噪声和阻力起到了一定作用，但由于流水孔处的挡板机构经常处于水下状态，因此必须经常维护保养，从而大大增加潜艇日常运行的负担。对此，还有一些国家采用了另一种较为简单的解决办法：在流水孔处装设固定式的扁平条格栅结构，格栅中的扁平条方向与水流方向垂直或成某一角度。这种扁平条格栅结构虽然在一定程度上可以防止在流水孔处形成振荡的水流漩涡，但是其效果仍然比不上活动式挡板结构。

第三，流水孔的设置与潜艇潜入水下所需要的时间存在着密切关系。当潜艇处于水面状态时，主压载水舱内部也充满了空气。在下潜的过程中，外界海水从主压载水舱底部的进水孔进入，把舱内的空气经由开启状态的排气阀门排挤出去。而被排挤出去的空气，将再经由流水孔被排出艇外。这一过程的速度取决于流水孔的数量、位置和流水孔的大小，并且直接影响潜艇潜入水下所需要的时间。对于二战期间以水面航行为主的潜艇来说，下潜时间一旦过长，往往会导致潜艇遭到敌人的致命攻击，直接影响海上生存能力。所以二战期间，许多国家为了实现潜艇的快速下潜，通常采用的办法就是增加流水孔的孔径和数量。

俄罗斯海军"台风"级核潜艇有少量流水孔

>>>>> 双壳体潜艇与单壳体潜艇相比有何利弊

单壳体潜艇的艇体由耐压壳体组成，在耐压壳体外没有包覆物，耐压艇体直接裸露在外。双壳体潜艇的耐压艇体全部被耐压和非耐压的外壳体所包覆，这层外壳除了在潜艇中部有一段是耐压的（耐压液舱），其余都是非耐压的轻外壳。与单壳体潜艇相比，双壳体潜艇的优点主要体现在以下几个方面。

第一，储备浮力大。增加了潜艇的抗沉能力。储备浮力是指潜艇水上排水量和水下排水量之间的差数。俄罗斯潜艇一般采用双层壳体，因而其储备浮力一般可达30%，美国潜艇一般为非双壳潜艇，其储备浮力比较小，仅为 11%～12%。美、俄两国潜艇储备浮力相差悬殊是其设计思想不同的表现，俄罗斯把抗沉性作为潜艇的生命力指标，重视储备浮力的增加。美国则认为抗沉性仅是潜艇战术指标中的一项，战术指标还包括潜艇的水下速度、下潜深度、有效载荷自动化程度、低物理场特征和携带武器的数量等，因此必须全面考虑。

采用单壳体的美国海军"俄亥俄"级核潜艇

　　第二，增大了潜艇的使用空间，增加潜艇有效载荷。双层壳体潜艇的两个壳体之间，除可以装有压载舱外，还可以放置鱼雷、水雷导弹有效载荷，而单壳潜艇的压载水舱及有效载荷均需放置在耐压艇体里面，因而携带有效载荷较少。

采用双壳体的俄罗斯海军"亚森"级核潜艇

第三，减缓水中武器的爆炸威力，提高耐压壳体的抗破损能力。双壳潜艇两个壳体之间的距离达 2～3 米，当潜艇受到鱼（水）雷攻击，外层的非耐压壳体损伤后，由于鱼（水）雷的爆破威力随距离的立方呈反比趋势迅速减缓，所以当冲击波达到内层耐压壳体时，爆炸的破坏威力已大大减弱，耐压壳体的强度足以使自己免受损伤。

第四，改善潜艇水动力特性，提高潜艇快速性。双层壳体的非耐压壳体易于加工，因此潜艇外形能做到十分流畅，从而改善潜艇水动力的特性，降低潜艇的水下阻力，提高潜艇的快速性。

采用混合壳体的俄罗斯海军"台风"级核潜艇

双壳体潜艇的不足之处主要是其增加了潜艇的体积和重量，影响了潜艇航行性能。此外，由于结构复杂致使潜艇的建造工作与潜艇的维修比较困难。在靠近潜艇艏、艉两端的部位，空间十分狭窄，所以建造施工、检查以及涂装都难以进行。

随着近些年潜艇科技的快速发展，潜艇壳体结构不再以传统的单、双壳体为主流。德国和日本分别从单壳体和双壳体结构走向了以单壳体为主的混合壳体形式，法国和俄罗斯的常规潜艇也从双壳体转向了单壳体结构。传统的小分舱大储备浮力的双壳体结构被边缘化的趋势越来越明显。这主要是因为在现代发达的反潜技术面前，传统的双壳体结构因为水下吨位太大暴露率高，导致潜艇容易被侦测和跟踪，继而招来反潜方不间断地连续攻击，给作战潜艇带来极大的威胁。

采用混合壳体的英国海军"前卫"级核潜艇

>>>> 水滴形艇体与其他艇型相比有何利弊

19世纪末20世纪初，现代军用潜艇正处于萌芽状态，当时的潜艇设计师们为了使潜艇具有出色的水下性能，曾把潜艇的艇体设计成纺锤形或者雪茄形，以便于降低其水下阻力，利用有限的功率获得尽可能高的水下航速。但是一战爆发之后，世界各国海军追求的是潜艇攻击水面舰艇的效果，在这种思想的指引下，世界各国海军仅仅把潜艇作为一种可以潜入水下的水面舰艇，因此，这一时期潜艇设计的重点是追求其水面航行性能，并且这种思想一直持续到二战中后期。

采用常规型形体的英国海军"奥伯龙"级常规潜艇

　　二战中后期，盟军加强了反潜作战的力度，因此迫使德国和日本加大了对以水下活动为主的新型潜艇的探索和研究力度。于是，德国和日本的水下高速型潜艇应运而生。潜艇的设计思想转变为以水下性能为主。而对潜艇水下性能展开大规模科学性和系列性的深入研究，则始于 20 世纪 40 年代末期。

　　二战刚刚结束，美国海军就对潜艇的艇体线型展开了研究。1948 年初，时任美国海军潜艇作战部队副司令的海军少将查尔斯·莫姆森（Charles Momsen）提出了建造一艘具有最佳水下性能的战后潜艇的建议，他的这项建议得到了美国海军的认可之后，大卫·泰勒试验水池的研究人员建议展开潜艇模型的系列性研究，以确定水下高速潜艇的艇体线型。经过严密的计算和系列实验之后，大卫·泰勒试验水池的研究人员最终确认，水滴形艇体线型是水下高速潜艇的最佳线型。为了进一步验证水滴线型的适用性，研究人员又在美国航空研究所的兰利风洞进行了试验、比对和验证。经过了长达数年的研究，最后美国海军决定建造"大青花鱼"号潜艇作为水滴形艇体的试验型潜艇。

采用水滴形艇体的英国海军"前卫"级核潜艇

　　"大青花鱼"号潜艇仅仅是一艘试验型潜艇，因此艇上没有装备任何武器装备，尽管如此，美国海军利用该艇进行的一系列试验都取得了出色的成果，这对于美国海军其后的潜艇发展乃至世界各国海军潜艇的设计和发展都产生了深远而广泛的影响。其试验中取得的 33 节高航速，不仅刷新了美国海军常规潜艇记录，而且在当时的世界范围内也是空前的。"大青花鱼"号潜艇能达到如此高的航速，其水滴形艇体的设计功不可没。

　　自此之后，水滴形艇体开始被世界各国海军广泛采用。尽管不同国家的水滴形艇体各有不同，但整体构型基本一致，其线型特点是艇部呈圆钝的纺锤形，潜艇的横剖面几乎都为圆截面，艇身从中部开始向后逐渐变细，艉部呈尖尾状。水滴形潜艇水下阻力小，有利于提高水下航速。不过，水滴形潜艇的水面航行性能较差，艇艏容易上浪，而且易出现埋首现象。有的水滴形潜艇为了提高水面航行性能，采用了艇艏浮力舱。

采用水滴形艇体的法国海军"凯旋"级核潜艇

除水滴形外，现代潜艇采用的艇形还有常规型和过渡型。常规型出现的时间最早，其侧面形状与水面舰艇相似，为了降低航行时的兴波阻力，艏部做成类似水面舰艇艏部的形状。为了使潜艇在有风浪的海面上有较好的适航性，艏部有很大的脊弧并设有浮力舱，依靠浮力舱提供的浮力来改善潜艇在风浪中的埋首现象。这种艇形适宜于水面航行，但不利于提高水下航速。随着对潜艇水下航速要求的不断提高，一些国家对这种艇形进行了一系列改进，如取消艏脊弧和浮力舱，并将艇艏的前倾角取消，改成了直艏柱。

过渡型潜艇是把常规形的直艏和水滴形的尖艉相结合的一种艇形，这种潜艇的水面航行性能优于水滴形，而水下航行性能优于常规型。

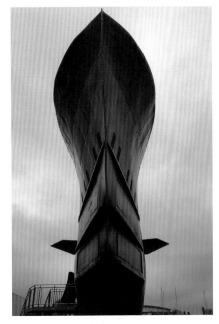

二战时期英国"安菲翁"级
潜艇（常规型艇体）正前方视角

现代潜艇的水下航速比水面航速更快的原因是什么

　　一般情况下，物体在陆地上的行进速度要比在水下快，这是因为空气的阻力远远小于水的阻力。然而，现代化潜艇却正好相反，其在水下航行的速度往往比在水面航行更快。

　　潜艇在水面航行时影响航速的阻力一般有摩擦阻力、漩涡阻力、兴波阻力、附体阻力和空气阻力。这几种阻力随着航速的增加而变大。不过，潜艇在水下航行时，空气阻力就不存在了。由波浪造成的兴波阻力也会随着潜艇下潜深度的增加而减小，水面巨浪滔天时，水下可能风平浪静。如此一来，影响潜艇水下航速的阻力就只剩下摩擦阻力、漩涡阻力和附体阻力。

　　如果潜艇都是以同样的低速航行，其在水面所受到的阻力要小于在水下受到的阻力，航行速度以水面为快。这是因为潜艇低速在水面航行时，其兴波阻力和空气阻力都相当小，所面对的只是摩擦阻力、附体阻力和漩涡阻力；而潜艇在水下低速航行时的主要航行阻力虽然也是这几种阻力，但因潜艇在水下状态时浸水表面积大大增加，会使摩擦阻力较水面增大许多，同时由于潜艇在水下时一些附体（如指挥台）入水后会加大附体阻力，所以潜艇水下低速航行时的阻力要大于水面低速航行时的阻力，也就是说，低速水下航行比低速水面航行要消耗更大的功率，其航行速度自然低于在水面航行。

美国海军"弗吉尼亚"级核潜艇在水面航行

英国海军"机敏"级核潜艇在近海水面上航行

　　不过，潜艇在高速航行时，会出现完全不同的状态。随着航速的增加，潜艇在水面上的空气阻力和兴波阻力将大大增加，使其总阻力值大于在水下高速航行的总阻力值。据计算，当潜艇的速度达到一定值时，其在水面上的阻力甚至是水下阻力的 2 倍，其结果也就可想而知了。

澳大利亚海军"柯林斯"级常规潜艇在水面编队航行

　　对于核潜艇来说，不管是水面航行还是水下航行都采用同一动力装置，在同样的额定功率条件下，在水面和水下就会产生不同的最大航速值。此外，由于核潜艇的主要活动是在水下，在动力装置的设计上主要考虑的也是尽量减少水下的阻力，以适应在水下航行的特点，所以核潜艇的水下航速高于水面航速。至于常规潜艇，在水下航行和水面航行时往往会采用两种不同的动力装置，水下航行时采用的动力装置通常功率更大，所以航速也更快。

　　潜艇的航行速度与艇体形状密切相关。现代化潜艇大多采用水滴形艇体，在水下航行时受到的阻力并没有想象中那么大。而当潜艇在水面航行时，不仅有空气阻力还有水的阻力，并且现代化潜艇大多是圆头的，在水面受到的摩擦阻力也非常大。事实上，二战时期的潜艇在水面航行的速度往往比在水下更快，这是因为当时的潜艇大多采用艇艏尖削的船形设计，兴波阻力较小，加上艇体构造和动力装置等方面的限制，在水面的时候更容易航行。

印度海军"鲉鱼"级常规潜艇在水面航行

>>> 美国核潜艇为何不再追求大潜深

　　潜艇下潜深度可分为危险深度、极限深度和工作深度。潜艇在接近水面的深度上航行时容易与水面舰艇发生碰撞，这样的深度范围被称为危险深度。潜艇能下潜的最大深度被称为极限深度。一般来讲，潜艇下潜的深度极限在 300～600 米之间，潜艇下潜超过极限深度，其外壳就会被海水压破。在危险深度与极限深度之间的深度上，潜艇可以相对安全地从事各种战备训练任务，这样的深度范围被称为工作深度。

俄罗斯海军"麦克"级攻击型核潜艇

随着现代对潜探测技术的不断改进完善，核潜艇被探测到的概率也在不断增加，除了传统的声呐探测技术日臻完善外，磁探测技术、热探测技术、尾迹探测技术、流体内部扰动探测技术、激光探测技术等也取得突飞猛进的发展，核潜艇受到的威胁日趋严重。而大潜深技术能有效地应对这些威胁，甚至能有效地规避反潜武器的攻击。

俄罗斯海军"北风之神"级弹道导弹核潜艇

　　因此，当今世界有能力建造核潜艇的国家，都比较重视对核潜艇大潜深技术的研究和应用。俄罗斯是目前世界上在大潜深核潜艇领域技术最先进的国家。"麦克"级攻击型核潜艇最大设计下潜深度可达1250米，并曾在试验中成功下潜到1020米深度，成为名副其实的超大潜深核潜艇。在战略导弹核潜艇方面，俄罗斯第四代弹道导弹核潜艇"北风之神"级最大下潜深度为450米。

　　美国海军现役的核潜艇中，"俄亥俄"级弹道导弹核潜艇的最大下潜深度为400米，而"弗吉尼亚"级攻击型核潜艇的极限下潜深度已减少到传统的300米。美国之所以没有进一步增加攻击型核潜艇的下潜深度，主要原因是随着冷战的结束，特别是在"9·11"事件发生后，美国重点发展具有反恐、特种作战、对陆目标常规打击等多用途的攻击型核潜艇，更强调近海作战，而不是大洋深处的捉迷藏式的对抗。

美国海军"俄亥俄"级弹道导弹核潜艇

核潜艇进行反潜作战有何优势

　　潜艇是现代化立体反潜体系的重要组成部分。冷战时期美英两国的攻击型核潜艇在很大程度上围绕反潜任务进行设计与开展训练，以至于出现了"核潜艇是最佳反潜武器"的说法。

二战结束之后，美国海军在总结二战期间潜艇作战经验的基础上，对潜艇战以及反潜战展开了深入研究。美国海军认为，二战期间反潜战的重要经验之一便是利用潜艇消灭敌人的潜艇。战争期间，潜艇在反潜战方面取得了令人注目的战果。二战期间日本总共损失了127艘潜艇，其中有20艘潜艇是被美国海军和英国海军的潜艇击沉的。

美国海军"海狼"级核潜艇

美国海军情报机构曾于20世纪预测，苏联到20世纪60年代时可能要建造1200艘甚至2000艘各种型号的潜艇。当时，美国海军清楚地认识到，在未来可能发生的东西方军事冲突中，苏联庞大的潜艇兵力会对美国与欧洲战场之间的海上运输线造成极大的威胁。为了对付实力雄厚的苏联海军潜艇舰队，美国海军认为除了迅速发展战后高性能潜艇之外，还应该尽快建造一定数量的专用反潜潜艇。

基于这种思想，美国海军先后建造了多种专门用于反潜作战的潜艇，其中最具代表性的当数"海狼"级攻击型核潜艇。该级潜艇在设计上堪称潜艇进行反潜作战的极致产物，其能长时间在大洋或靠近苏联的近海进行反潜巡逻，拥有绝佳的声呐探测能力，并配备比"洛杉矶"级核潜艇多一倍的鱼雷管和鱼雷，以长时间进行反潜作业。

事实证明，与其他反潜手段相比，使用潜艇进行反潜作战（尤其是远洋反潜作战）具有明显优势。一般情况下，岸基反潜机很难深入茫茫大洋中进行长时间的反潜作战，而舰载反潜机的航程与载荷又很低。更糟糕的是，面对核潜艇时，反潜机的效率会大幅下降。至于水面舰艇，由于平台所限，其声学性能远不如潜艇，不仅导致水面舰艇的噪声传得更远，更影响了水面舰艇本身的声呐探测能力。因此，相同情况下潜艇往往会先发现水面舰艇。另外，水面舰艇在明处，潜艇在暗处，潜艇更容易获知水面舰艇的位置从而发动袭击，或者选择避开。

美国海军"洛杉矶"级潜艇

常规潜艇虽然在低速航行时噪声比核潜艇更低，但其体积太小、航速较低、续航力极差，所以反潜能力远不如核潜艇。并且常规潜艇较小的艇体无法装下大尺寸的声呐，也无法装备与核潜艇相当的拖拽声呐阵。过低的航速导致其无法跟上水面舰艇编队的速度（尤其是航空母舰编队），更使其在水下作战中机动力处于绝对劣势。另外，常规潜艇的续航力也不足以支撑其在大洋上长时间作战。

英国海军"机敏"级核潜艇

核潜艇进行反潜作战时通常采用单艇阵地伏击、区域巡逻或跟踪追击等战术，最大限度地保持隐蔽性，在指定海域独立观察搜索目标，力争在最远距离发现敌方潜艇。当发现目标后，迅速、准确地判断和识别目标，隐蔽接敌，占据最佳攻击阵位，实施攻击。在航空母舰战斗群中，攻击型核潜艇通常在编队外围，与舰载反潜机或反潜直升机形成远距反潜网。

然而，"以潜制潜"也存在不少局限。在开阔海域执行猎潜任务时，攻击型核潜艇的航速需要高出目标 5～7 节方能维持接触，由于需要周期性地减速收听敌方潜艇噪声，因此很容易让敌方潜艇借此机会逃之夭夭。潜艇所需的推进功率与航速的立次方成正比，要想研制航速比敌方主力潜艇快 5～7 节的高性能攻击型核潜艇，即使对技术领先、财力雄厚的美国海军而言也极为困难。

俄罗斯海军"亚森"级核潜艇

现代潜艇需要配备的声呐有哪些

随着现代潜艇担负的任务种类越来越多，以及水下作战时的隐蔽性要求也越来越高，仅仅装备一个性能单一的主水声站，已经远远不能满足现代条件下的作战需求。因此，现代潜艇通常会装备七八种不同特性的声呐，用以提高潜艇的探测能力。具体来说，现代潜艇需要配备的声呐主要包括以下几种。

第一，艇艏多功能声呐。潜艇的艏部远离动力舱室和推进器，受艇体后段噪声与振动影响较小，有利于提高水声探测器材的探测性能，所以潜艇的主水声站一般都会设置在艇艏。艇艏声呐往往具备主、被动工作能力，并能保障潜艇执行警戒、搜索、跟踪、识别、攻击等多种作战任务。由于艇艏声呐的多任务性，所以它难以在个别的任务特性上进行突出的优化设计，因此在探测性能上其有均衡、全面、中庸的特点。

第二，舷侧阵声呐。艇艏基阵受到艇体布置的限制，进一步增大声阵孔径和降低工作频段都较为困难，致使声呐的被动探测距离也受到了限制。同时艇艏声呐基阵在艇体舷侧和艇体后方也都存在着盲区，不能做到全方位监测，影响了潜艇的实时警戒和监测范围。为了提高潜艇探测能力，现代潜艇又开始在艇体上布置舷侧阵声呐。舷侧阵声呐是指将众多的水听器，沿着艇体纵向方向，布置在艇体左右两舷侧的声呐。由于舷侧阵声呐可以充分利用艇体长度扩大基阵的声阵孔径，在工作频段上可以进一步降低，所以其被动探测距离也得到了有效的提高。

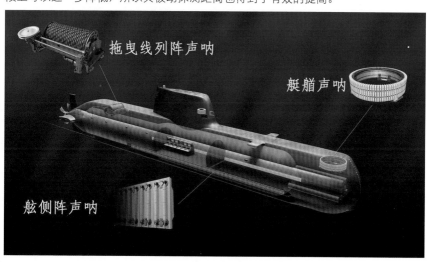

潜艇主要声呐安装位置示意图

第三，拖曳线列阵声呐。不管是艇艏声呐还是舷侧阵声呐，都要受限于艇体布置条件，基阵体积不能无限扩大，声阵孔径受到限制，声呐的工作频段难以进一步降低，在探测距离上无法进一步提高。为了改变这种情况，20 世纪 60 年代一些国家开始在潜艇上装备拖曳线列阵声呐。这种声呐是将一连串的水听器按一定间隔排列后，布置到透声的保护导管中，再通过布放机构拖曳于艇体外。拖曳线列阵声呐突破了以往潜用声呐受限于艇体布置条件的局限，布置在导管中的几百乃至上千个水听器有效地扩大了声阵孔径，将潜用声呐的工作频率降低到了低频甚至极低频，极大地增加了潜用声呐的探测距离。为潜艇水下远程警戒、远程武器的目标指示都提供了有利条件，有效地扩大了潜艇的作战范围，提高了潜艇的作战慑力。

第四，其他辅助功能声呐，包括侦察声呐、通信声呐、探雷和避碰声呐、水环境传感器等。侦察声呐用来侦测敌方潜艇或者自导鱼雷的主动声呐信号，可以获得敌方主动声呐的工作参数，如方位、发射频率、脉冲宽度、脉冲重复率等。侦察声呐的接收频率较宽，观察范围较广，有的可以进行360°全方位探测。在基阵形式上一般采用细小的圆柱阵，并大多布置在艇艏部位。

通信声呐也叫水声通信机，一般由几个定向换能器阵组合而成。一般用于潜艇与水面舰艇或者水下潜艇编队通信联络使用。该系统通过发射机产生话音或者电报调制信号，再由换能器阵发出，在接收方经接收机处理后，就可送到耳机或者扬声器以及电讯机处，将话音或者电报信息提供给接收人员。通信声呐的工作距离有限，工作时要向外发射信号，容易暴露潜艇位置，所以仅限于潜艇周围情况明确时使用，因此有着非常严格的使用限制条件。

探雷和避碰声呐以主动方式工作，工作频率较高。因为频段高，所以探测距离有限，一般仅在几百米，不过较高频段的声呐分辨率较好，所以能探测到航道上的一些障碍物，比如礁石、沉船、水雷等异物，帮助潜艇操纵人员避离这些危险物体，从而保障潜艇水下航行的安全性。

老式潜艇的水环境传感器比较简单，一般只安装一个声速梯度仪，用以测量潜艇所在水层的声速，让声呐系统利用不同途径的声道，改善探测性能。此外，也能让潜艇利用强负度梯层水层，或者温度跃变层进行隐蔽和机动。现代潜艇安装了更多种类的水环境传感器，具备了更复杂的功能。以俄罗斯潜艇为例，其上通常还装有尾流指示器、来流指示器等水环境传感器，能更好地让艇员获悉潜艇所在水层的各种信息，提高潜艇战时的水声对抗能力。同时该潜艇还具有探测敌方水面舰艇和潜艇尾流信息的能力，便于潜艇利用尾流制导鱼雷进行快速攻击。

美国海军"洛杉矶"
级核潜艇上的声呐技术人员正在工作

美国海军官员正在查看
"弗吉尼亚"级核潜艇的声呐系统

▶▶▶ 潜艇的潜望镜如何工作

　　潜望镜是指潜艇上从海底伸出海面，用以窥探海面活动物体的装置。其构造与普通的望远镜相同，只是另外增加了两个反射镜，使物光经两次反射而折向眼中。潜望镜的主要部件是一根长钢管桅杆，可升至指挥塔外约 5 米高的位置，两端都装有棱镜和透镜，可将潜望镜的视野放大 1～6 倍。潜艇在浮出水面前，艇长必须指挥潜艇在潜望镜深度先用潜望镜对海平面作一次 360°的观察，以尽早发现可能出现的敌情。只有在确认没有任何威胁的情况下，潜艇才会浮出水面。

🔔 小知识：

　　1906 年德国海军建成第一艘潜艇时，已使用了相当完善的光学潜望镜，由物镜、转像系统和目镜等组成。当时潜望镜的潜望距离为 5～7 米，观察距离很近、视场狭窄、图像质量也很差，而且夜间无法使用。

　　一般来说，处于水下航行状态的潜艇观察海平面和空中目标的唯一手段便是借助潜望镜。早期潜艇大多装有两部潜望镜，即一部攻击潜望镜和一部观察潜望镜。观察潜望镜有一个可配合潜望镜升降杆运动的座位和踏板，主要用于潜艇上浮之前的海空观察和航向确认。而攻击潜望镜没有这些设施，主要用于敌情观察、目标测距和攻击方位角度计算。同时，观察望远镜在夜间观测能力上也更胜一筹。

　　随着科技的发展，现代潜望镜综合应用了微光夜视、红外热成像、激光测距、计算机、自动控制、隐身等光电技术的最新成果，性能有了显著提升。以德国研制的 SERO 400 型潜望镜为例，其主要技术性能包括：俯仰范围为 -15°～+60°，1.5 倍、6 倍和 12 倍三种放大倍率，高精度的瞄准线双轴稳定，潜望镜入瞳直径大于 21 毫米，潜望力约为 12 米。它能配置多种摄像机和传感器，如数码摄像机、微

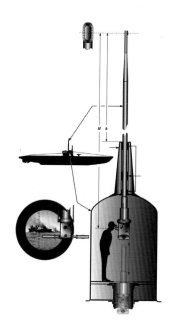

单眼攻击潜望镜示意图

光电视摄像机、彩色电视摄像机、热像仪、人眼安全型激光测距仪等，供潜艇指挥官根据实战需要选用；还能把视频信号实时提供给作战系统监视器，实现同步观察。潜望镜系统的串行接口可供不同的作战系统控制台实现遥控操作。该潜望镜系统在昼光和夜间条件下都有很好的观察效果，能有效监视海面和海空、收集导航数据、搜索和识别各种海上目标，观察到的图像可以进行录像回放。

挪威海军将领正在参观美国海军
"洛杉矶"级核潜艇的潜望镜

值得注意的是，现代光电潜望镜技术已经相当成熟，很难再有较大的提升。传统的穿透式潜望镜存在一些明显的弊端。首先，潜望镜必须穿透潜艇壳体，镜管直径越大对潜艇耐压性的影响就越大；其次，潜望镜目镜头的转动直径一般为 0.6 米，在原本就空间有限的艇内占据了较宽位置，这对潜艇指挥舱的布置十分不利；最后，潜望镜只适合一人操作观察，无法实现多人同时观察，不利于作战信息资源的共享。尽管存在上述缺陷，但光电潜望镜目前仍是各国海军潜艇使用最广泛的成像观察装置。

潜艇潜望镜中看到的图像

非穿透光电桅杆与穿透式潜望镜相比有何优势

由于传统的穿透式潜望镜存在占用艇内空间大、每次只能供一个人使用等缺点，所以各大海军强国一直在寻找合适的替代方案。

1976 年，美国科尔摩根公司正式提出最初的光电桅杆原理供海军评审。20 世纪 80 年代，非穿透光电桅杆的开发计划正式启动。如今，光电桅杆已从概念、原理样机发展成为正式型号。美、英、法三国海军的新型核潜艇都采用光电桅杆替换传统的穿透式潜望镜。这标志着潜艇光电桅杆技术已经达到了相当成熟和可靠的水平。

美国海军"弗吉尼亚"级核潜艇指挥台顶端的光电桅杆

　　以美国海军现役最新型"弗吉尼亚"级核潜艇为例，其装备了全新的非穿透复合式光电桅杆，从而改变了传统核潜艇对水面目标信息的搜集方式，它可获取光学、红外影像、微波信号等信息，能探测敌方雷达、无线电设备等电磁辐射信号；其光电探头摄下的图像，可在艇内大屏幕显示器上播放，便于艇长和众多艇员实时观察水面情况，而传统潜望镜只能供 1 ～ 2 人观察，因此极易导致观察疏漏；复合式光电桅杆侦测的目标诸元，可直接传输到艇载网络化数字式火控系统，大大提高了火力发射的效能、效率和接战速度；非穿透复合式光电桅杆的应用，还可增强艇体强度，降低工程难度，从而有效缩短建造周期。

美国海军"弗吉尼亚"级核潜艇在水面航行

　　一般来说，光电桅杆由观察头、非穿透桅杆和艇内操控台三部分组成。它与传统的穿透式潜望镜相比有诸多优点：光电桅杆不穿透耐压艇壳，直接布置在指挥舱的合适位置，不但提高了潜艇耐压强度，也方便了指挥舱的布置；光电桅杆的观察头装有多种光电探测传感器、电子战和通信天线等装置，功能较为全面；艇外所有目标可通过电视和红外摄像机摄取，然后传输到艇内，并显示在操控台监视器及大屏幕上。

法国海军"凯旋"级核潜艇在水面航行

　　目前，光电桅杆正在逐步取代穿透式潜望镜，成为现代潜艇作战信息系统的重要组成部分。不过，由于技术复杂、价格昂贵等原因，目前只有美国"弗吉尼亚"级、英国"机敏"级和法国"凯旋"级潜艇安装了两根光电桅杆，其他新型潜艇大多采用一根光电桅杆和一台潜望镜配合使用的设计。

英国海军"机敏"级核潜艇指挥台顶端的光电桅杆

>>> 潜艇如何降低自身噪声

潜艇噪声主要来自机械噪声、螺旋桨噪声和水动力噪声。这些噪声在潜艇的不同航速条件下，对潜艇的辐射总噪声会产生不同的影响。潜艇在电力推进工况条件下，低速时噪声主要来自机械噪声，而中高速时螺旋桨噪声则是主要噪声源。

七叶大侧斜螺旋桨

机械噪声是由于潜艇内主、辅机和轴系的运转以及与其相连的基座、管路和艇体结构的振动而引起的。这种振动辐射到舱室引起舱室空气噪声，再辐射到水中，构成潜艇的辐射噪声、自噪声。对于机械噪声，一般可采取两种方式进行降噪处理。一方面，通过各设备的合理设计，减少各设备的振动，即对噪声源的降噪处理，如采取措施降低柴油机的噪声等；另一方面，在传播途径上隔离和吸收噪声，从而使噪声向外辐射的能量尽量减少。由于噪声源是不可能消除的，因此如何在噪声传播途径上采取有效措施来抑制噪声的传播已成为降噪的重要课题。

波兰海军"基洛"级潜艇在水面航行

目前，降低机械噪声的手段主要有两种，即隔振和阻尼。隔振是降低艇上机电设备通过基座传递结构噪声的主要手段。对于主机设备，一般可采用双层隔振技术，即两层隔振的弹性材料间夹用中间物质，利用弹性元件的阻尼性能和中间物质的设计来抑制和衰减波的传播，可以获得较好的效果。对于辅机设备，如泵、电机、风机等，西方国家大量采用了"浮筏隔振降噪技术"，即把多个不同的机械、设备紧凑地安装在一个共同的筏体或筏架上，柔性地支撑或悬挂在艇体结构上。

阻尼是在设备基座和艇体外部敷设吸声、阻尼材料，尤其是在艇体外表面敷设消声瓦。消声瓦的主要特点是可以吸收敌方主动声呐发射的探测声波，而且可以抑制艇壳振动，隔离艇内噪声向外辐射，因此敷设消声瓦可以大大提高潜艇的隐蔽性，改善己方声呐的工作环境，提高其作用距离。

自身噪声很小的俄罗斯海军"拉达"级潜艇

螺旋桨噪声一般是潜艇中高速航行时的主要噪声源，即使在较低速度航行时，螺旋桨噪声也不容忽视。与机械噪声不同，螺旋桨噪声产生在艇体外面，是由螺旋桨转动所引起的，即主要是由螺旋桨叶片振动和螺旋桨空泡产生的。众所周知，潜艇的尾部是有伴流场存在的，而且伴流场在周向是不均匀的，这样螺旋桨叶片在不均匀伴流场中工作就会产生非定常的推力和转矩，从而引起螺旋桨叶、轴系的振动。螺旋桨的空泡噪声是潜艇辐射噪声高频部分的主要成分。空泡的产生除了与潜艇的下潜深度及螺旋桨转速有关外，还与尾部螺旋桨区域的伴流场是否均匀有关。

　　基于上述原因，降低螺旋桨噪声的有效方法之一是采用七叶大侧斜螺旋桨，这在西方国家的潜艇中已经普遍采用。虽然七叶大侧斜螺旋桨比传统的五叶桨在效率上有所降低，但由于它的大侧斜特性，使叶片的叶根和叶梢不会同时到达伴流场的高压区或低压区，即不会造成整个桨处在高压—低压—高压的循环状态，因此可以有效地抑制螺旋桨的振动，进而降低螺旋桨的噪声；又因为它比五叶桨的叶数增加，使承受推力的叶片面积增大，导致每一叶上的推力减少，从而延迟了空泡的产生，达到降低噪声的目的。

　　水动力噪声是由不规则或起伏的水流流过运动着的潜艇产生的。当不规则的水流流过艇体时，与之有关的压力起伏，可以作为声波直接辐射出去。更为重要的是，不规则或起伏的水流还可能激起艇体上某些空腔、板和附体的共振，从而辐射声波，这是重要的水动力噪声源。一般情况下，水动力噪声产生的辐射噪声并不重要，它往往会被机械噪声和螺旋桨噪声所掩盖。但在特殊情况下，如在结构部件、空腔等处出现共振时，水动力噪声就会显著增大。为此，一般要尽量减少突出体、舷外孔和舱口的数量。

静音性能极佳的美国海军"海狼"级核潜艇

►►► 核动力潜艇与核动力航空母舰采用的反应堆是否相同

自从核动力装置被用作舰艇动力以来，先后出现了五种反应堆的方案设想，构成五种不同的舰艇推进装置形式，它们分别是压水反应堆、液态金属反应堆、气冷反应堆、有机反应堆和沸水反应堆。目前，世界各国海军的核动力潜艇和核动力航空母舰采用的反应堆都是压水反应堆，两者从原理上看是一样的，但功率大小不同，具体设计细节不同。核动力航空母舰是世界上建造技术最复杂的舰艇，集中体现在建造大功率、运行时间长和高可靠性的核反应堆上。而与核动力航空母舰不同，核潜艇反应堆的设计理念是先保证低噪声再实现高功率。

停泊在港口中的俄罗斯海军"北风之神"级核潜艇

压水反应堆由压水堆、一回路系统和设备、二回路系统和设备及推进轴系组成。因为反应堆和一回路系统均在高压下运行，作为反应堆的载热剂和慢化剂的水在约300℃时也不会沸腾，所以此类反应堆被称为压水反应堆。压水堆和一回路系统因具有放射性，所以需要布置在屏蔽内。蒸汽发生器产生的蒸汽由于被传热管壁与一回路系统隔开，因此二回路系统和设备同常规蒸汽动力装置一样没有放射性，因此不需要屏蔽。

　　压水反应堆的工作原理是：载热剂在反应堆中被加热送到蒸汽发生器的二次侧水（二回路一侧的水），使其变成饱和蒸汽，从蒸汽发生器流出的载热剂经由主泵又被送回到反应堆再加热，形成一回路循环。饱和蒸汽送至主推进蒸汽轮机做功，从汽轮机排出的蒸汽在冷凝器中冷凝后经给水泵再送至蒸汽发生器，形成二回路。主推进蒸汽轮机经减速齿轮带动螺旋桨推动潜艇航行。

美国海军"俄亥俄"级核潜艇通过胡德运河大桥

　　压水反应堆推进装置的轴系与常规动力装置的轴系大致相同。略微不同的是，在压水反应堆推进装置上，通常轴上安装有一个套轴的低速推进电动机，在核动力装置发生故障时或需要进行低噪声航行时，可利用应急电源供电以使潜艇获得推进动力。二回路系统和设备与常规蒸汽动力装置基本相同。其推进装置一般分布在潜艇的艉部，占 3 ～ 4 个舱室的位置。

　　压水反应堆推进装置的电力系统和应急电力系统，也与常规动力装置基本相同，但其供电的品质、可靠性要求比较高，一旦正常电力系统发生故障时，应急电力系统要能在 5 秒甚至更短时间内提供可靠电源。

美国海军"俄亥俄"级核潜艇的驾驶舱

美国海军"企业"号核动力航空母舰（上）与法国海军"戴高乐"号核动力航空母舰（下）

▶▶▶ 潜射弹道导弹有何技术难点

潜射弹道导弹作为三位一体战略核力量（陆基核武器、空基核武器、海基核武器）的重要一员，自美国第一代潜射弹道导弹"北极星"诞生以来，就一直被各大军事强国所重视。不过，潜射弹道导弹的制造和发射技术非常复杂，目前世界上只有极少数国家掌握了这项技术。具体来说，研发潜射弹道导弹必须克服以下难题。

第一，必须掌握水下发射技术。潜射导弹要实现水下发射，就必须有一个先进的水下导弹发射系统。简单来说，潜射导弹的发射技术可分为"冷发射"

美国海军"俄亥俄"级核潜艇发射的
"三叉戟Ⅱ"导弹冲出海面

和"热发射"两种。所谓"冷发射"是指借助外力实施发射。导弹先在发射装置中借助高压气体弹出，到达一定高度后，再借助火箭推进器进行点火。"热发射"则是依靠导弹的自身动力实现点火发射。即导弹在水下点火后，通过自身的推力射出水面，其最大的技术难点是助推器在水中的点火技术。由于水的密度是空气密度的800倍，因此水下发射环境与陆上发射有着天壤之别，如果点火失败，或者助推装置及其辅助系统设计不当，很容易引起高背压、水压和气压相互干扰、导弹出水后载荷失调等各种问题，最终导致发射失败。

第二，必须掌握推进技术。导弹射程的长短由导弹的推进系统所决定。推进系统主要由发动机和推进剂供应系统（燃料）组成，发动机是其核心，发动机动力越强劲，其推进系统的动力越大，导弹的射程也就越远。为此，美国、俄罗斯都在大力发展动力强劲的超燃冲压发动机、多脉冲发动机。此外，减轻发动机质量也是提高发动机性能的一种途径。最常见的办法包括采用新型复合材料，如新型增强纤维、树脂复合材料等，作为发动机壳体材料，以降低发动机重量。在推进剂方面，部分国家在探索采用无烟少焰推进剂、高能复合推进剂、改性双基推进剂等，以提高发动机的推力，增大导弹的射程和载弹量。

美国海军"俄亥俄"级核潜艇发射的"三叉戟Ⅱ"导弹失控场景

第三，必须掌握制导与控制技术。与陆基弹道导弹一样，潜射弹道导弹一般采用惯性制导和卫星导航相结合的方式进行制导。但潜射导弹技术比陆基导弹更复杂的地方在于，潜射导弹发射前的自身位置信息由发射平台潜艇实时提供，导弹将这些初始信息和自身的制导信息结合起来，利用导弹内部的计算机分析计算后，实时修正弹道。如果导弹出发点的坐标发生偏移，那么导弹落点发生偏移的可能性会更大。所以，潜射导弹要实现精准打击，不仅对导弹自身的制导精度要求高，而且对潜艇也有相当高的要求。

第四，必须掌握战斗部技术。战斗部是导弹的毁伤装置，直接决定导弹的威力。通过改进和发展战斗部技术，提升导弹的突防能力是军事强国改进导弹性能的有效途径。弹道导弹的战斗部主要有两种：一种是战斗部携带一枚真弹头和几枚假弹头，当到达既定距离内，真弹头和假弹头同时释放，以迷惑敌方防空系统，同时释放功率强大的无线电、噪声等信号，干扰对方反导雷达。另一种是分弹头技术，即同时攻击多个目标，使对方反导系统疲于应对。

美国海军"俄亥俄"级潜艇的垂直发射装置特写

第五，必须拥有可靠的运载工具。潜射弹道导弹的运载工具主要是核潜艇，它可以长时间隐蔽潜航，不用像常规潜艇那样定时浮出水面充电，因此暴露的概率较小。

核潜艇可以根据需要，机动至指定发射地点，发射导弹后可迅速转移，避免被摧毁。所以，弹道导弹核潜艇具备陆基和空基核打击手段所不具备的二次核打击能力。因此，研制核潜艇成为各国发展核打击能力、拥有潜射弹道导弹技术必须克服的难题。

美国研制的潜射弹道导弹（从左至右依次为
北极星 A1、北极星 A2、北极星 A3、三叉戟 Ⅱ、波塞冬 C3、三叉戟 Ⅰ）

战略核潜艇如何确定导弹发射筒的数量

　　战略核潜艇是指以洲际弹道导弹为主要武器的核动力潜艇，其又被称为弹道导弹核潜艇。目前，国外的现役战略核潜艇包括：美国"俄亥俄"级潜艇，设有 24 具导弹垂直发射筒，发射"三叉戟 II"导弹；俄罗斯"德尔塔 IV"级潜艇，设有 16 具导弹垂直发射筒，发射 SS-N-23 导弹；俄罗斯"台风"级潜艇，设有 20 具导弹垂直发射筒，发射 SS-N-20 导弹；俄罗斯"北风之神"级潜艇，设有 16 具导弹垂直发射筒，发射 SS-N-32 导弹；英国"前卫"级潜艇，设有 16 具导弹垂直发射筒，发射"三叉戟 II"导弹；法国"凯旋"级潜艇，设有 16 具导弹垂直发射筒，发射 M51 导弹。

显而易见，上述战略核潜艇的导弹发射筒数量无一例外都是 4 的倍数（16 具、20 具或 24 具）。事实上，不仅仅是这些现役战略核潜艇，其他已经退役的同类潜艇的导弹发射筒数量也都是 4 的倍数，如美国"拉斐特"级（16 具）、美国"伊桑·艾伦"级（16 具）、美国"乔治·华盛顿"级（16 具）、俄罗斯"杨基"级（16 具）、俄罗斯"旅馆"级（16 具）和英国"决心"级（16 具）等。

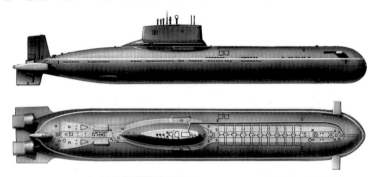

俄罗斯海军"台风"级核潜艇导弹发射筒位置 3D 模型图

俄罗斯海军"德尔塔Ⅳ"级核潜艇导弹发射筒位置 3D 模型图

战略核潜艇的导弹发射筒数量必须为 4 的倍数是世界各国默认的规则，早在第一代战略核潜艇上就已经定下了。1957 年，美国开始建造世界上第一种战略核潜艇"乔治·华盛顿"级，当时为了保证工程进度，尽快实现战略核潜艇的实战部署，通用公司建议美国海军将正在建造中的"鲣鱼"级攻击型核潜艇的二号艇"天蝎座"号的艇身在指挥舱与反应堆舱中间一分为二，并在其间插入 16 具弹道导弹发射筒。

自此之后，美国海军后续建造的战略核潜艇以及其他海军强国建造的战略核潜艇，均将导弹发射筒的数量定为 4 的倍数。即便是仅具备近程弹道导弹发射能力、无法执行战略攻击任务的印度"歼敌者"号潜艇，其导弹发射筒数量也为 12 具。

　　造成这种结果的主要原因，在于战略核潜艇对稳性的特殊要求。战略核潜艇在发射潜射弹道导弹后，容易因两侧重量不均造成艇身不稳。对于战略核潜艇来说，这种不稳非常致命，轻则容易导致发射失败，重则会使艇身侧翻，造成艇毁人亡的后果。因此，战略核潜艇在导弹发射顺序上，都严格遵循同一组 4 枚导弹按对角线顺序交叉发射的原理，以尽量避免发生艇身不平衡的问题。由此可知，各国战略核潜艇导弹发射筒数量都是 4 的倍数绝不是巧合，而是工程设计上的必然结果。

俄罗斯海军"德尔塔Ⅳ"级核潜艇侧后方视角

俄罗斯海军"德尔塔Ⅳ"级核潜艇发射弹道导弹

►►► 潜射导弹的发射过程有何特别之处

　　潜艇在水下发射弹道导弹时，一般在水下 30 米深度，以 2 节左右的速度航行，导弹置于发射筒内，发射筒垂直装于潜艇中部，有的在耐压壳体内部，有的则位于耐压壳体与非耐压壳体之间，一般每艇携带 12 ～ 24 枚导弹。在 30 米水深时，发射筒盖外承受约 3 个大气压的水压。因此，要想打开筒盖十分困难，必须先用高压气进行筒内增压，在筒内外压力大致相等后，便可轻易开启筒盖。为了防止开盖时大量海水涌入导弹发射筒，筒口上还特意安装了一层水密隔膜。

美国海军"俄亥俄"级核潜艇发射导弹示意图

　　发射时，打开导弹发射筒上盖，由于发射管内是一种水密和气密结构，且经过充气和填注少量海水，与海洋海水压力相等，不存在压力差，因此海水也就进不来，筒内气体也不会溢出水面。接到发射指令后，电爆管起爆，点燃燃气发生器，使其产生的高温高压气体从发射筒底部喷入筒内，在反作用力的推动下，导弹将穿透水密隔膜径直向上推出筒外。出筒后的导弹在第一级火箭的助推下直冲云霄，飞行 20 ～ 30 千米之后，第二级火箭进行接力助推，然后将导弹推向外层空间，按预定弹道飞行后，再入大气层对目标实施攻击。

俄罗斯海军
"德尔塔Ⅳ"级核潜艇的导弹发射筒

　　重达十几吨的导弹在离艇后会造成两个方面的影响：一是潜艇稳性被破坏，这时必须立即向发射筒内灌注海水，以弥补部分弹重；同时潜艇均衡水柜也必须抽水以弥补均衡保持稳定；二是发射瞬间的后坐力，往往可使潜艇略微下沉。如美国"乔治·华盛顿"级潜艇在发射第一枚"北极星"导弹时，就下沉了4米，不过这对潜艇来说没有什么危险。最初，美国就采用出水后点火的方式发射潜射弹道导弹，即导弹飞离水面15～25米高度时第一级火箭开始点火。后来改为水下点火，即导弹发射离艇后，在一个安全距离上点火，这样能保证导

英国海军"决心"
级核潜艇发射"北极星"导弹

弹在出水时，有一个巨大的垂直向上运动的推力，使其不至于受水面复杂风浪的影响。

　　除了垂直发射弹道导弹外，一般潜艇仍采用鱼雷发射管发射反舰导弹。反舰导弹平时置于一个特制的鱼雷容器中，通常按533毫米标准口径设计。鱼雷容器自带动力装置，其尾部装一台固体火箭发动机和一个燃气发生器。发射时，潜艇像发射鱼雷那样把它推出艇外，当容器航至一个安全距离时，固体火箭发动机点火，容器在火箭发动机的推动下进行潜航。容器在潜航150～200米后，以45°角跃出水面并升至20米高度时，顶部自动脱落，尾部燃气发生器所产生的燃气，将导弹以12°～15°倾角射出。这时，导弹自身的助推器点火，将其推向30米左右高度。随后，弹上主发动机点火，导弹降至巡航高度（15米左右）。

美国海军"俄亥俄"级核潜艇发射"三叉戟Ⅱ"导弹

▶▶▶ 潜艇的鱼雷发射装置有哪些种类

各国海军所拥有的潜艇种类繁多，其鱼雷发射装置也各不相同。归纳起来，大体上可分为自航式发射装置、气动不平衡式发射装置、水压平稳式发射装置、气动冲压式发射装置、空气涡轮泵式发射装置等。

自航式发射装置是潜艇鱼雷发射装置的鼻祖，其工作原理就是把鱼雷装填到一个框架式的圆筒形栅状管中，使其浸没在水中，只要打开鱼雷的扳机使鱼雷发动机工作，螺旋桨产生的推力就会使鱼雷自动游出栅状管。这种发射装置通常设在潜艇耐压壳体外面的上层建筑中，有固定式和可转动式两种。这种结构极为简单的圆筒形栅状管可保证发射过程无气泡，也无倾差。而且由于它没有向鱼雷提供能量的动力系统，所以很轻巧，使用简便。它的缺点是，鱼雷要长时间浸泡在海水中，难以进行及时和必要的保养和维修，因此对鱼雷的要求较高。此外，自航式发射装置不能发射无动力的武器（如水雷）和热动力鱼雷。

德国海军 205
级常规潜艇的鱼雷发射管内部

二战时期美国海军
"巴劳鱵"级潜艇的鱼雷发射管

气动不平衡式发射装置是二战期间世界各国潜艇广泛采用的一种发射装置。该装置的工作原理如下：把鱼雷装填在带有前盖和后盖的密封圆筒形发射管中，在发射前打开前盖，然后根据艇长的命令，打开发射开关，使贮存在发射系统高压空气瓶中的压缩空气进入发射管鱼雷的尾部，压缩空气膨胀做功后，把鱼雷和雷体附近的海水一起挤出发射管。这种发射装置的最大发射深度为80～100米，可发射各种类型的鱼雷，也能布放无动力的水雷以及相应结构尺寸的水声干扰器材等。

美国海军"洛杉矶"
级核潜艇的 533 毫米鱼雷发射管

　　水压平衡式发射装置是在气动不平衡式发射装置中增加了一个水压平衡系统，其功用就是让待发射的鱼雷后部也与舷外海水相通，使其在发射过程中，当鱼雷向前运动时，原来作用在雷头上的海水背压被作用在雷尾上的背压所抵消，这样一来，在发射过程中所需要的发射能量——压缩空气的压力和容积可以保持定值，不再随发射深度的增大而增多。这种发射装置较好地解决了潜艇在水下大深度发射鱼雷等武器的技术难题，能在航行深度不大于 600 米的大中型潜艇上配置。但由于采用了往复活塞式工作原理，水缸和气缸的结构体积比较庞大，这种发射装置的安装技术要求较高。

　　气动冲压式发射装置比水压平衡式发射装置体积小，重量轻。每具发射管自有一个冲压器，便于根据作战需要组织齐射，齐射间隔时间不受结构的限制。但该装置通过冲压器把发射推力集中在鱼雷尾部，这就要求所发射的鱼雷等武器必须能承受这一推力。此外，在发射管后盖上安装一个颇长的冲压器不仅使开关操作不便，而且所需的回转空间位置也颇大，对潜艇总体布置和充分利用宝贵的空间很不利。

　　空气涡轮泵式发射装置是水压平衡式发射装置改进和发展的产物，是目前性能最好的鱼雷发射装置。该装置结构布置比较简便，省掉了结构尺寸庞大且笨重的气缸和水缸等组件，既节省空间，又可直接利用海水的静压力作为水泵的进口压力，促使发射过程中作用在鱼雷头部和尾端的海水静压力基本相同，且由于作用方向相反而相互抵消。其结果就是发射武器所需的能量为定值，与发射深度无关。这就满足了潜艇在最大工作深度范围内的任意航行深度上，可以根据作战需要，按艇长的命令立即发射鱼雷。

美国海军"洛杉矶"级核潜艇正在装填鱼雷

▶▶▶▶ AIP潜艇与传统柴电潜艇相比有何优势

AIP潜艇指的是使用不依赖空气推进发动机作为动力的潜艇，AIP是英文Air Independent Propulsion的缩写，意为"不依赖空气推进"。与传统的柴电动力装置相比，AIP由于自身就可提供氧气，因此潜艇不需要经常浮出水面，并且可以长时间在水下航行，从而大大提高了生存能力和持续作战能力。

二战时期德国海军 U-505 柴电潜艇的引擎控制室

一般来说，常规动力潜艇不能在水下作长时间的航行，必须经常上浮至海面"呼吸"，即在通气管状态下使用柴油机为蓄电池充电。这样就很容易被敌方雷达发现，同时柴油机为蓄电池充电时的噪声，也极易被敌方水声器材探测到，因而大大增加了常规动力潜艇的暴露概率，使其生存能力受到严重的威胁。为此，各国海军一直在探索无须借助空气的推进方式。

瑞典海军装备的"哥特兰"级 AIP 潜艇

　　早在二战期间，德国和苏联就已经开始研究 AIP 系统。此后数十年，各大海军强国一直没有停下研究 AIP 的脚步。20 世纪 60 年代初，瑞典海军联合瑞典国防物资局、考库姆公司等单位，开始对 AIP 系统发起技术攻关。经过 20 余年的不懈努力，考库姆公司终于在 20 世纪 80 年代初研制出斯特林发动机 AIP 系统，并于 1985 年进行了首次试验。1988 年，瑞典海军开始用 AIP 系统改造一艘"水怪"级潜艇。他们将潜艇从中间割开，加装了一段长约 8 米的舱段，用于安装 AIP 系统的各个部件。这艘改造后的"水怪"级潜艇后来成功进行了一系列海试。

德国海军装备的 212 级 AIP 潜艇

　　20 世纪 90 年代初，瑞典海军决定为"哥特兰"级潜艇安装 AIP 系统。1996 年 7 月，"哥特兰"级首艇开始服役，由此拉开了世界常规潜艇 AIP 时代的序幕。时至今日，瑞典、德国、法国、俄罗斯等国均已制造出采用 AIP 系统的潜艇。

日本海上自卫队装备的"苍龙"级 AIP 潜艇

从各种类型的 AIP 系统的试验情况以及实际使用结果来看，装备了 AIP 系统的常规潜艇，明显地减少了潜艇使用通气管航行的时间，增加了潜艇的水下续航力，降低了潜艇的暴露概率，弥补了常规潜艇水下续航力不足的重大缺陷。此外，AIP 系统还具有体积小、重量轻、噪声小、运行费用低等优点。AIP 系统可使常规潜艇的作战效能成倍提高，大大缩小了常规潜艇与核潜艇之间的差距。大多数国家的海军受限于自身军费和狭小的作战海域买不起价格高昂的核潜艇，AIP 潜艇就成了他们最佳的选择。

▷▷▷ 潜艇的 4 类 AIP 系统孰优孰劣

世界各国研发的 AIP 系统多种多样，在工作原理、构成、性能等方面可谓各有千秋，其中技术上较为成熟的主要有以下四种。

第一，闭式循环柴油机 AIP（CCDAIP）。除了进、排气系统与普通柴油机不同外，闭式循环柴油机 AIP 的工作原理与目前常规动力潜艇所使用的普通柴油机相同。其工作原理是：用潜艇自带的氧气代替空气中的氧气，将废气中的二氧化碳经过冷却和吸收后排到艇外，部分二氧化碳作为工质参与循环工作；同时用氢气取代空气中的氮气，以改善循环气体的燃烧质量。

采用 CCDAIP 系统的法国海军"鲉鱼"级潜艇

由于柴油机技术成熟，性能比较可靠，寿命长，所以 CCDAIP 系统所用柴油机的使用寿命要比其他 AIP 系统的主机时间长；CCDAIP 系统所用柴油与普通常规潜艇所用的一样，可广泛采购，不存在后勤供应问题；CCDAIP 系统所用柴油机与普通柴油机一样，随时可以在闭式循环和开式循环两种工况下进行自由转换，潜艇使用的灵活性较强；由于该系统可以使用大量成熟技术，且水上、水下均可使用，所以耗油率较低，维修费用也相对较低，因此 CCDAIP 系统是 AIP 系统中最经济的一种形式。不过，CCDAIP 系统存在工作效率低、氧气消耗量大、排出的热量多、产生的噪声大、系统输出功率受到限制等问题。

第二，斯特林发动机 AIP（SEAIP）。SEAIP 系统与 CCDAIP 系统大致相同，最主要的不同就是发动机。SEAIP 系统使用的是热气机，而 CCDAIP 系统使用的是闭式循环柴油机。热气机是一种由外部热源加热，并将热能转换为机械能的热机，其循环是一种闭式、采用定容下回热的气体循环，简称斯特林循环。斯特林发动机主要是在水下续航状态下工作，与蓄电池并联，向推进电机、全艇辅机及其他用电设备供电。

采用 SEAIP 系统的瑞典"哥特兰"级潜艇

SEAIP 系统的优点是机械噪声与振动较小。因为斯特林发动机是一种从外部对内部气体工质连续加热使之做功的活塞式往复发动机，燃烧过程平稳，没有柴油机的爆燃现象，因此发动机的噪声与振动较小，但是有些斯特林发动机的部件依然采用往复式运动机械,所以在装备潜艇时仍要加装双层隔振系统以减小水下噪声。此外,SEAIP 系统废气排放较为方便,在潜深 200 米内可以自主排放,即使增加潜深也只需要小型压缩机协助,不需要闭式循环柴油机系统的庞大水管理系统。

SEAIP 系统的缺点是功率较低,斯特林发动机由于其自身固有的低功率密度的特点,因而决定了整个 AIP 系统的功率密度小于 CCDAIP 系统。如果要加大功率,需要配备几台发动机,这样势必会影响整个潜艇的布局与使用。此外,SEAIP 系统的燃油消耗量较大,通常要高于普通柴油机。

采用 SEAIP 系统的日本"苍龙"级潜艇

第三,燃料电池 AIP(FCAIP)。FCAIP 系统是目前最具竞争力的 AIP 系统,它是直接将反应物质化学能用电化学方式转换为电能的能量供应系统。主要组成部分有燃料电池及其储存设备和转换器、氧化剂及其储存设备和转换器、控制装置。其中燃料电池的主要种类有碱性燃料电池、质子交换膜燃料电池、磷酸燃料电池、熔融碳酸燃料电池、固体氧化物电解燃料电池等,其中最具应用前景的是质子交换膜燃料电池。

FCAIP 系统的优点是能量转换效率很高,燃料电池通过电化学方式可直接将化学能转变为电能,省去了热机发电时复杂的转换过程,减少了能量损耗。由于转换过程中能量损耗较少,所以相应地散热也少,这就有效地降低了潜艇的热辐射,减小了被敌方红外探测仪器发现的概率。燃料电池系统由于可以直接进行能量转换，且本身并无机械运动部件，因此工作过程中非常安静，可以使潜艇在航行时获得极佳的隐蔽性。此外，系统维护保养、制造加工很方便；过载能力强，可进行短时的加速航行；燃料电池是由若干个电池单元串、并联而成，可根据潜艇内部布置的需要，灵活选择燃料电池的配置方式等都是其独有的优点。

FCAIP 系统的缺点是燃料危险性非常大，易发生险情，目前的燃料电池只能用纯氢作燃料，纯氢的加工提取工作异常复杂，且在潜艇狭小空间内，纯氢一旦发生泄漏，浓度超过极限易发生爆炸，危险性很大；工作寿命短、价格较高，目前的质子膜燃料电池的工作寿命只有 5000 小时，同时其价格也是柴油发电机组的 3 ～ 6 倍。

第四，小型核动力 AIP（SSNAIP）系统。SSNAIP 系统又可称为自持式船用核反应堆发电装置，目前在该系统研发方面取得较大成果的国家是加拿大，其研发的 AMPS 型核电混合推进系统即将迈入实用阶段，这种只需经过简单改装就可使常规潜艇变成小型核潜艇的动力系统日益引起了各国海军的注意。

值得注意的是，目前无论哪种 AIP 系统，其输出功率均不能满足常规潜艇水下最大航速航行的需求。只有将 AIP 系统与当前潜艇的柴电动力装置组合在一起，构成混合推进装置，才具备实用价值。

采用 FCAIP 系统的德国海军 212 级潜艇

>>> 拥有先进探测设备的现代潜艇在水下相撞的原因是什么

2009 年 2 月，英国海军"前卫"号核潜艇与法国"凯旋"号核潜艇在大西洋发生碰撞事故。当时两艘潜艇均在水下航行，而且艇上均带有核弹。碰撞发生时，两艘潜艇上共有约 250 名艇员。碰撞导致"前卫"号核潜艇需要被拖回苏格兰的基地，艇体上可见凹陷和擦痕，"凯旋"号核潜艇声呐外壳严重受损，也被迫驶回布雷斯特港海军基地。

英国海军"前卫"号核潜艇侧前方视角

根据英国海军专业人士的说法，发生这样的碰撞事故的概率只有几百万分之一。那么，各自配备先进声呐系统的两艘核潜艇，为何在茫茫大西洋中，将"几百万分之一"的相撞概率化为现实呢？这个问题的答案还得从声呐展开。

现代潜艇配备的声呐基本上可分为被动式声呐和主动式声呐两大类。以被动式声呐为例：当水中或水面目标运动时，会产生机械振动和噪声，并通过海水介质传播给声呐换能器，换能器将声波转换为电信号后传给接收机，经放大处理传送到显示控制台进行显示和提供测听定向。被动式声呐隐蔽性好，识别目标能力强，但不能侦察静止目标。主动式声呐可解决这一问题，它可主动向水中发射声波，接收水下物体的反射回波，从而发现目标并测量其参数。但主动式声呐易暴露自己，且探测距离有限。同时，海洋里有很多神秘而复杂的区域，都可能导致潜艇出现声呐盲区，在繁忙的航道、渔区，能让声呐失准的因素就更多。

英国海军"前卫"号核潜艇在水面航行

有声呐技术，自然就有反声呐技术，而且先进的反声呐技术甚至已经超过了声呐技术。反声呐技术其实就是指潜艇的隐身技术，其中最重要的就是潜艇的降噪技术。英法核潜艇相撞，一个重要原因就是双方的反声呐技术都很高明，都采取了很多降噪措施。当时，两艘核潜艇都在以极低的速度移动，并且同时关闭主动声呐系统，以省电并减少自身发出的噪声，致使"它们发出的声响不超过一只虾"。由于核潜艇自身的噪声与海洋环境噪声混杂在一起，被动式声呐要从环境噪声里检测出潜艇噪声非常困难，双方离得很近，又都在使用被动式声呐，虽然自身得以隐蔽，但也无法发现对方。所以，"凯旋"号核潜艇的艇员都声称"既没看到也没听到任何信号"。

另外，两艘核潜艇相撞时，可能处于相互垂直的位置，"凯旋"号核潜艇在上面，"前卫"号核潜艇在下面，结果英国潜艇在上浮的时候撞上了法国潜艇。此时，即使两艘潜艇都打开了拖曳阵列声呐，法国潜艇也很难发现英国潜艇，因为垂直方向的英国潜艇正好处于法国潜艇拖曳阵列声呐的盲区内。

事实上，因为声呐原因导致的潜艇相撞事故，远远不止这一起。冷战期间，美国和苏联的潜艇就多次发生碰撞事故。例如，1970年6月18日，苏联"回声"级核潜艇与美国"鲟鱼"级核潜艇在巴伦支海相撞，双方均有负伤；1986年在直布罗陀海峡，美苏潜艇再次相撞；1993年在巴伦支海，美国潜艇又与俄罗斯潜艇相撞。

一般来说，潜艇相撞主要是因为跟踪引起的，冷战时期美苏之间一直采用一艘跟踪一艘的策略。据不完全统计，在苏联（俄罗斯）北方舰队和太平洋舰队过去30年来进行军事演习的海域就曾发生过11起与外国潜艇相撞事故，其中10起是与美国潜艇相撞。

法国海军"凯旋"号核潜艇在水面航行

法国海军"凯旋"号核潜艇参加军事演习

失事潜艇上的人员在水下如何逃生

众所周知，潜艇兵是一种非常特殊的兵种，他们的工作性质也是所有兵种里最辛苦、最危险的。一旦潜艇出了事，艇上人员很难安全逃生。因此，世界各国海军都非常重视失事潜艇的救助和艇员的逃生问题。

如果潜艇在发生事故后仍能移动，则应紧急上浮，因为水面相对于水下更加安全。如果损伤不影响航行，可以自航返回；如果损伤较严重，可以向指挥部求救，并等待救援；如果水面有敌情，则要听从艇长的临时决定或执行出海前事先计划的行动。

如果潜艇在水下发生故障后无法上浮，应弃艇组织自救逃生。美国海军规定，出现下述险情应考虑逃生：进水或起火且无法控制；二

美国海军救生钟

氧化碳的浓度接近 6%，并仍在增高；氧气浓度接近或低于 13%；失事潜艇内部的气压达到 1.7 个大气压力之前且救援不能有效进行时。200 米是艇员能够自主逃生的最大深度，超过这一深度只能等待救援。另外，由于艇员在自救上浮过程中要承受海水压力由大到小的变化，所以在 200 米以内的较大深度自行逃生，也只有经过严格逃生训练的艇员才有可能成功。

美国海军深潜救生艇与家用轿车的大小对比

自主逃生时，艇员一般是从逃生舱口或鱼雷发射管钻出。逃生舱口和鱼雷发射管都有前后两个密封盖，艇员备好呼吸器和救生浮标等脱险装具后，首先打开后盖钻进，然后关上后盖，并注入海水和压缩空气使内外压力平衡，最后再打开前盖，艇员钻出，顺着拴在救生浮标上的浮标绳缓慢上浮。这种逃生技术必须经过反复演练，以防止海水倒灌进艇内，造成更大的事故。另外，要精确掌握好上浮速度，若作用于人体的海水压力减压太快，则很有可能导致"减压病"。

🔔 小知识：

人体在高压下会吸收较多的氮气，当失事艇员从深水向水面上浮的速度过快（即减压过快）时，氮气会在关节、血管和大脑中形成氮气泡，它们可造成人员肌体剧烈的疼痛，以致瘫痪甚至死亡，这就是"减压病"。

美国海军使用运输机运送深潜救生艇

现代潜艇一般在耐压指挥台围壳里带有可与潜艇脱离的漂浮救生舱，失事艇员可以在毫无外援的情况下使用该救生舱逃生。俄罗斯"台风"级核潜艇甚至装备了两个这样的漂浮救生舱，可以容纳全部艇员。

如果艇员不能自行逃生，则可等待外部救援。目前较为成熟的外援救生技术是深潜救生艇（Deep Submergence Rescue Vehicle，DSRV）和救生钟（Submarine

Rescue Chamber，SRC）。DSRV 的主要任务是为被困在海底的失事潜艇提供救援。平时，DSRV 停放在机场，当接到呼救信号后，由运输机把 DSRV 及其附属设备空运到距失事潜艇最近的港口，再由水面舰艇或者经过特别改装的潜艇运往失事现场实施营救。作业中，DSRV 边下潜边以声呐定位，通过水下电话与被困在潜艇内的人员取得语音联络。在确定了失事潜艇的救援逃生舱口位置后，即与其进行对接，并根据现场的水深、水流及失事潜艇角度自动调整，确保对接口的水密性，最后利用电磁线圈将 DSRV 牢牢固定在失事潜艇上。接着排干 DSRV 对接舱内的海水，失事潜艇的艇员也将救援逃生舱内的海水排干，当两侧的压力一致后，失事潜艇的艇员打开逃生舱盖转移到 DSRV 上，同时 DSRV 向失事潜艇内运送氧气瓶、锂氢电池（照明用）、水、食品、药物等。

　　SRC 是一种价廉实用的救援装置，必须由水面舰艇携带到失事潜艇的上方，利用绞索把 SRC 放到失事潜艇上，并与失事潜艇的逃生舱口对接，将连接通道调节到正常压力，然后打开 SRC 底盖和失事潜艇的逃生舱口盖，失事人员便可进入 SRC 内。当把 SRC 底盖重新关闭后，便可由停泊在水面的救援舰艇把 SRC 起吊到救援舰艇上。

美国海军准备投放深潜救生艇

深潜救生艇如何执行营救任务

深潜救生艇是指能潜入深海营救失事潜艇艇员的微型小艇，其基本结构类似于潜艇，由双层壳体及舱室、动力系统、操纵控制系统构成。排水量为十余吨至数十吨，艇长9～15米，艇宽2.5～4米，可载9～24人。采用电力推进装置，航速为2～4节，下潜深度为600～1000米。由于深潜救生艇的续航距离较短，通常由深潜救生母船或打捞救生船携带至潜艇失事海区作业。深潜救生艇的下部有连接装置，可与失事潜艇的救生平台相对接，形成通道，用于将失事潜艇内的人员营救到深潜救生艇内。

意大利海军投放 SRV-300 深潜救生艇

深潜救生艇执行营救任务时的程序是：深潜救生艇用飞机空运到距失事潜艇海域最近的机场，再转运装上深潜救生母船驶往潜艇失事地点，由深潜救生艇自航前往寻找失事潜艇。利用艇上的机械手可清除杂物，剪除阻碍失事潜艇救生平台的缆索，使结合裙对口连接。与潜艇救生平台可靠对接后，排出结合裙内积水，打开舱口盖，失事潜艇人员进入深潜救生艇内。关闭舱口盖，排除被救人员相等重量的压载水，向深潜救生母船转送被救人员。

由于对失事潜艇的救援工作，必须在潜艇失事后72～96小时内进行。况且，有些潜艇在失事后维持幸存艇员生命的时间甚至还达不到72小时。所以必须提高抢救速度，赢得时间，同时也要求深潜救生母船有良好的综合性能，以确保营救效率。由于研制深潜救生艇需要很高的综合技术水平，需要进行大量的多学科试验，需要建立设计、建造规范，以及成熟的工艺技术，所以世界上只有少数国家具有这种实力。

美国 DSRV-2 深潜救生艇

英国 LR5 深潜救生艇

[1] 严必虎. 航空母舰战斗群百问 [M]. 北京：海潮出版社，2012.

[2] 李松，李钰. 彩绘军事图鉴 现代航母战斗群 [M]. 北京：人民邮电出版社，2013.

[3] 王鹏杰，左鹏飞. 深海幽灵：潜艇与战争 [M]. 广州：花城出版社，2010.

[4] 张玉龙，严晓峰. 兵器知识与鉴赏系列——潜艇 [M]. 北京：化学工业出版社，2014.

[5] 《兵器知识》杂志社. 图解现代海战兵器 100 问 [M]. 北京：机械工业出版社，2013.